U0635327

产教融合背景下高校学生
创新创业能力提升的策略研究

施敏敏　著

哈尔滨出版社
H.P.H
HARBIN PUBLISHING HOUSE

图书在版编目（CIP）数据

产教融合背景下高校学生创新创业能力提升的策略研
究 / 施敏敏著. -- 哈尔滨 : 哈尔滨出版社, 2023.9
　ISBN 978-7-5484-7566-8

　Ⅰ . ①产… Ⅱ . ①施… Ⅲ . ①大学生 – 创业 – 研究 –
高等职业教育 Ⅳ . ①G717.38

　中国国家版本馆CIP数据核字(2023)第174412号

书　　名：**产教融合背景下高校学生创新创业能力提升的策略研究**
　　　　　CHANJIAO RONGHE BEIJINGXIA GAOXIAO XUESHENG CHUANGXIN CHUANGYE NENGLI TISHENG DE CELÜE YANJIU

作　　者：施敏敏　著
责任编辑：王嘉欣
封面设计：蓝博设计

出版发行　哈尔滨出版社（Harbin Publishing House）
社　　址：哈尔滨市香坊区泰山路82–9号　　邮编：150090
经　　销：全国新华书店
印　　刷：武汉鑫佳捷印务有限公司
网　　址：www.hrbcbs.com
E–mail： hrbcbs@yeah.net
编辑版权热线：（0451）87900271　87900272
销售热线：（0451）87900201　87900203

开　　本：787mm×1092mm　1/16　印张：10.25　字数：220千字
版　　次：2023年9月第1版
印　　次：2023年9月第1次印刷
书　　号：ISBN　978-7-5484-7566-8
定　　价：68.00元

凡购本社图书发现印装错误，请与本社印制部联系调换。
服务热线：（0451）87900279

前言 PREFACE

社会经济快速发展，大学生就业竞争情况也日益加剧，为了更进一步提升大学生的综合素质与能力，大部分高校在不断开展双创教育实践活动的基础上，通过产教融合理念培养学生的创新精神与创业能力。在大众创业、万众创新蓬勃发展的崭新时代，引导与鼓励大学生提高创新创业能力已经成为一项社会责任。在这种时代浪潮下，高校必须从产教融合的视域下，树立全新的育人新理念、新思路。与此同时，高校更应该与企业进行紧密合作，严谨制定和严格执行培养创新创业型人才的相关方案，在统筹配置各项资源的基础上，培育高素质、专业化的复合型人才。

现如今各类高校在国家政策的响应下，积极贯彻产教融合的理念，为提高大学生综合能力完善了创新创业相关的教学体系的建设。大部分高校根据自身的院校情况与发展特点以及所在地区的经济发展条件，不断开展类型丰富多样的创新创业教育实践活动，探究出多种双创模式人才的培养计划与方案，主要涵盖三个大类，分别是以活动为中心的育人模式、以双创园为中心的育人模式、以创业课程教育为中心的育人模式。各大高校在贯彻产教融合发展理念的同时，更是在拓展与深化自身的办学理念，也在实践探索的过程中，逐渐将大学生创新创业教育纳入高校未来的长期规划建设中，形成比较系统的人才培养方案与体系。除此以外，大部分高校也深知在产教融合的视域下，培养大学生的创新创业能力已经是新时代的发展趋势，在秉承"大众创业、万众创新"理念的同时，利用先进的科学技术手段服务于大学生创新创业活动，这些创新性理念与实践不仅是适应社会整体性进步的必然要求，更是未来高校进行教学改革的整体性思路。

全书共分为十一章。分析了产教融合背景下高校学生创新创业能力提升的必要性和可行性，阐述了产教融合背景下高校学生创新创业能力培养现状，对产教融合背景下高校学生创新创业能力培养存在的问题进行了分析，提出了优化高校服务体系，推进创新创业平台建设，培养大学生创新创业精神，推动大学生创新创业激励政策协同优化，完善大学生创新创业生态系统，提升校企合作水平，强化学科竞赛作用等提升策略，以期望能为产教融合背景下高校学生创新创业能力提升提供建设性作用。

目 录 CONTENTS

第一章 绪论

第一节 研究背景

产教融合与创新创业已成国家发展和人才培养的重要战略。随着国力提升，创新创业已被我国视为重要发展战略。比如《关于深化高等学校创新创业教育改革的实施意见》表明："从 2015 年起，高校中的创新创业的教育改革应该被不断增强。产教融合是国家促进应用人才培养的重要抓手，它横跨产业和教育两个领域，在政策引导下，充分发挥两个领域的优势去导向性的培养人才，正如《统筹推进世界一流大学和一流学科建设总体方案》指明要不断"加强产教融合，使推进经济社会的发展以及建设一流学科与一流大学紧密结合，大力提升高校在产业转型与升级过程中的贡献率"。

随着高等教育进入大众化阶段，高校毕业生的供给总量持续攀升，但在市场经济下行压力加大和就业岗位供给不足的影响下，大学生就业难的问题日渐凸显，引起了政府、高校和全社会的高度关注。据央视新闻报道，2022 届高校毕业生规模预计 1076 万人，同比增加 167 万人。这是高校毕业生规模首次超过千万，也是近几年增长人数最多的一年，创近 10 年毕业生人数新高值，就业总量性矛盾依然突出。当前，我国市场迫切需要具有创新意识和创新能力的高质量人才，培养创新创业人才被赋予了促进经济发展由高速增长向高质量增长、缓解社会就业压力的重要地位。大学生创新创业不仅可以解决大学生的就业问题，将被动地就业转化为主动地创业，缓解大学生就业的总量性矛盾，更具有营造出全民"创新"的良好氛围，为市场经济发展注入新活力的积极意义。

近几年来，政府报告中多次提及"创新创业"这一关键词，从 2015 年的"推动大众创业，万众创新，既可以扩大就业、增加居民收入，又有利于促进社会纵向流动和公平正义"到 2018 年的"要促进大众创业、万众创新上水平"、2020 年的"深入推进大众创业万众创新"再到 2021 年的"依靠创新推动实体经济高质量发展，培育壮大新动能"。可见，国家对大学生创新创业的重视程度之高。此外，为了鼓励大学生创新创业，国家和政府也出台了一系列涉及税收、贷款、补贴、创业指导培训、户籍等各个方面政策为其保驾护航。例如《国务院关于推动创新创业高质量发展打造"双创"升级版的意见》（国发[2018]32 号）等，这些官方文件的出台为大学生创新创业提供了政策上的保障。

作为培养大学生实现全面发展的主要场所，高校承担着教育、引导和支持大学生的重要任务，扮演着推动和保障大学生创新创业逐步迈向成熟的重要角色，其自身定位和提供的服务都直接或间接地影响了大学生创新创业活动的成败。大学阶段是一个人成长发育的黄金时期，也是萌发创业想法、进行创新创业的关键时期，因此，高校应尽最大能力调动大学生的创新创业热情、帮助其树立正确的创业观、培养其创新创业的意识和能力。目前，大部分高校都在积极响应和落实国家的创业政策并结合本校实际情况制定出贴合本校学生实际需求的创业政策，积极开展包括建立创业教育网站、进行创业授课指导等各种形式的创业教育活动，为大学生提供创业场所支持和资金服务、举办创业项目大赛和创新创业文化节等。这在一定程度上给予了有创新创业意愿和想法的大学生较大的鼓励和支持。

然而，目前我国大学生创业现状仍不容乐观，参加创新创业实践人数较少、创业成功率较低、创业的层次领域不高等问题依然突出。造成上述问题的因素有很多，但高校提供的创新创业服务尚未完善是重要原因之一。实证调查表明，大学生对于高校提供的创新创业服务满意度依然不高，高校创新创业服务体系存在诸多问题并有待进一步优化。

第二节　研究意义

一、理论意义

第一，有助于丰富大学生创新创业理论。目前，我国学者对于大学生创新创业的研究大多集中于创业层面，而对创新型创业的挖掘不够深入，没有厘清创新创业与一般的传统型创业之间的区别。本研究通过对创业、大学生创新创业、创新创业服务体系等相关概念进行界定，明确大学生创新创业"新"在何处。有助于丰富大学生创新创业理论并使其更适应新时代创新创业教育发展的需要。

第二，有助于深化高校创新创业服务体系的理论研究。本文将创新型人才培养理论、创新型企业理论与系统理论引入高校创新创业服务体系的优化研究，拓宽了高校创新创业服务体系的研究视野。在梳理已有研究成果的基础上对国内国外高校所提供的创新创业服务进行总结归纳，比较中西方高校在创新创业服务体系方面存在的差异并吸收借鉴成功经验，有助于深化高校创新创业服务体系的理论研究，为我国高校更高质量地开展创新创业、服务大学生创新创业提供一定程度上的理论支撑。

二、现实意义

第一，有助于培养出适应经济社会转型发展的创新创业人才，提高大学生创业的质量和成功率。大学生创业能否成功不仅取决于个人，更受到国家、高校、社会、家庭等多方面因素的共同影响。由于大学生自身创业经验不足、创业知识和技能缺乏，迫切需要高校提供相关的创业教育和创业实践以完善大学生的创业理论知识体系，必要时还需提供一定的资金服务以及场所支持来完成后期创业项目的落地实施。因此，作为大学生学习知识、接受教育主要场所，高校所提供的创新创业服务对于大学生创业的成功率至关重要，也在一定程度上决定了大学生能否通过创业解决就业问题、获得足够的经验技能以更好地适应社会经济的转型发展，在实现创业梦想的同时实现自我人生价值。

第二，有助于优化大学生创新创业高校服务体系。本书通过对创新创业高校服务体系的现状进行调查，在实践中检验相关理论的适用性。总结出目前创新创业高校服务体系的运行成就以及存在的不足之处，在吸收借鉴已有学者所提出的对策建议的基础上相应地提出优化策略，使高校所提供的创新创业服务与学生实际需求更加匹配，以期减轻大学生的创新创业阻力并提升其对高校的满意度。对政府和企业制定大学生创业政策提供了一定的现实参考。

第三节　文献综述

一、国内研究现状

1.关于大学生创新创业内涵的研究

我国大学生创业最早起源于1998年5月在清华大学举办的第一届大学生创业计划大赛，在此之后，其他高校也纷纷开展了类似的创业比赛活动。1999年，国家颁布实施的《关于深化教育改革，全面推进素质教育的决定》和《面向21世纪教育振兴行动计划》为大学生创业提供了思想启蒙、素质积累和基础准备。同年团中央举办了"挑战杯全国大学生创业大赛"，大学生创业由此逐渐被推广到全国其他高校。大学生创业的相关活动不断增加引起了社会的广泛关注和认可，在为社会创造大量的就业机会、缓解大学生就业矛盾的同时促进了我国经济的繁荣发展。一大批学者对大学生创业进行了研究，在对大学生创业的定义上，王巍认为所谓大学生创业是指大学生中的创业者发现机会、整合资源，最终实现自己的创业目的一系列创业活动。陆晓峰认为大学生自主创业是指大学生改变就业观念，利用自己的知识、才能和技术以自筹资金、技术入股、寻求合作等方式创立新的就业岗位，即创业者不做现有就业岗位的竞争者，而是为自己、为社会更多的人创造就业机会。

2010年，在教育部颁布的《关于大力推进高等学校创新创业教育和大学生自主创业工作的意见》中，将创新与创业两个概念合二为一，提出要在"高等院校积极开展创新创业教育，鼓励大学生自主创业"。"大众创业、万众创新"为大学生创业注入了"创新"的灵魂，"大学生创新创业"也因此应运而生并成为新的研究热点，在对创新与创业之间关系的探究上，我国大部分学者都认为创新与创业之间有所区别但联系紧密，两者之间互为表里、相互影响。许德涛认为，创新是创业的基础源泉和前提，甚至是核心和本质，其价值也在创业；而创业是创新的载体和外在表现形式，是创新的目的与归宿，反过来也会推动创新。王占仁认为"创新创业"在形式上的表现是在"创新"的后面加上了"创业"二字，实质是内在规定了创新的应用属性，是指向创业的创新，重在应用的创新，促进创新成果的市场化、商业化。在"创业"的前面加上了"创新"二字，其实质是全面统领了创业的方向性，是创新型创业、机会型创业、高增长的创业，提高了创业的层次和水平。

张彦认为：一方面，创业与创新有区别，创业是在社会经济、文化、政治领域内开创新的事业、新的企业或者新的岗位，强调行动层面的创造；创新是不拘现状、勇于开拓、乐于尝试、善于变化的精神和态度，包含更多思维层面的创造。另一方面，创新与创业密不可分，创业的核心和本质是创新，创新支撑着创业。有了创新的思维和意愿，再加上实践能力和市场机遇，更容易实现成功的创业；同时，创业是一种行为上的创新，而不是停留在观念与思维上的创新，创业是创新的行动化和体现形式。可见，在广义上来看，创新与创业是"双生关系"，两者天然地联系在一起，是有机统一的。

2.关于大学生创新创业服务体系内涵的研究

对历史文献进行梳理发现，我国大部分学者主要是从以下几种角度对大学生创新创业服务体系进行研究。

第一种是主体论，即从创新创业服务的责任主体出发，将其分为政府、高校、企业等进行研究。何星舟从高校、政府和社会三个责任主体出发，在探析社会支持网络内涵、梳理我国创业教育历程和现状的基础上提出构建"高校—政府—社会"三环联动的大学生创业支持体系。

第二种是系统论，即认为创新创业服务体系是一个大的系统，由各部分子系统构成。朱丽认为创业教育支持体系是一项系统工程，是由创业环境系统、创业服务系统、创业教育系统和创业平台系统等组成的有机整体，为大学生提供良好的舆论导向、完善的创业服务和全面的创业教育，为大学生创业提供保障。

第三种是要素论，即将创新创业服务体系的具体内容细化为诸多要素进行研究。西凤茹通过对辽宁省所属7所高校部分大学生的问卷调查，分析了"创业意识、创业能力、创业障碍"等因素对大学生创业的影响度，以及大学生"对创业教育和创业支持的期望"等问题，以"能力成长、政策扶持、资金支持、专项服务和人文关怀"为核心要素，构建了大学生创业支持体系。

第四种是阶段论，即认为创新创业服务体系应按照阶段为大学生提供相应的服务。余魅以电子科技大学为研究对象进行了构建普惠性大学生创新创业教育体系的探索，并提出以"创新驱动、技术创业"为指导思想，建立创新驱动、交叉培养、协同育人的精英人才培养机制，构建"课程教育""创新训练""创业训练""创业孵化"金字塔结构的四个培养阶段。

第五种是层面论，即从理论、物质和实践等层面划分创新创业服务体系的内容。黄兆信从理论、物质、实践三个层面对大学生创新创业支持体系进行研究，并提出要加紧对大学生创业理论方面的研究与探索，加大对大学生创业物质层面的投入与支撑，加强对大学生创业实践层次的构建与完善。

关于大学生创新创业管理服务的研究。对于大学生创新创业管理服务存在的问题，我国学者主要从创新创业管理理念、创新创业管理形式、创新创业管理结构、创新创业管理规章制度以及创新创业管理文化氛围等方面进行研究。

在创新创业管理理念方面，我国学者普遍认为目前创新创业的管理理念比较滞后。朱华兵认为高校创新创业管理改革中领导的理念难以更新。

在创新创业形式方面，冯浩认为虽然高校经常开展创新创业类的讲座、培训班等短期创新创业教育活动，但这种创新创业管理形式还是过于片面、单一化，缺乏系统性和连贯性，阻碍了学生对创业的认识和发展。

在创新创业管理结构方面，李盾认为高校创新创业管理体系结构单一，有的挂靠教务处或者校团委，有的成立名义上的创新创业指导中心或创新创业学院。单一的管理机构受职能权限限制，协调服务能力有限；另外，单一的管理机构受人员配置、人员素质等因素影响，难以承担繁杂的创新创业管理与服务工作。加之一些学院没有专门的组织、评审机构，创新创业工作推进缓慢。

在创新创业管理制度方面，冯浩认为大多数沈阳高校在进行创新创业管理时都是由学校的上层机关直接任命，由领导指派专职管理人员，同时选拔一些对创新创业有热情的在校学生负责日常活动。这样就容易导致创新创业管理制度建设存在工作管理不专业、职责分工不明确、制度体系不健全等管理漏洞。刁衍斌、张育广认为高校创业教育教学管理体制封闭性较强，柔性管理欠缺。

针对大学生创新创业管理服务存在的问题，我国学者主要从创新创业管理理念、创新创业管理机制、创新创业管理组织结构、创新创业管理制度以及创新创业管理文化氛围等方面提出建议。

在创新创业管理理念方面，欧阳素梅认为要秉承以学生为本的理念开展创业创新教育管理，应当还原学生的主体地位，给学生以更多的自由空间，强调学生的个性化发展。

在创新创业管理机制方面，学者沈皆希、倪杰、曹镇借鉴了波特钻石模型，针对应用型本科高校联盟就大学生创新创业实践合作管理提出了"双钻石"联盟管理模型。模型主要包括应用型本科高校联盟机制、创业实践联盟管理机制、对外合作机制、评估机制以及外部的资金环境资源和政策环境资源，由此构成"双钻石"的内圈4+2维度，四机制分别由机构设置、管理规章、创业教育联盟、创业实践联盟、政府合作、企业合作、联盟组织评估、创业实践联盟评估、对外合作评估9个因子构成"双钻石"外圈9因子联盟运行体系。

在创新创业管理组织结构方面，郑旭辉、蔡乐眉认为创业型组织是指以大学内部各个"创业者"，包括大学自身、学院、系、教师、学生等为核心形成的一个动态的组织网络结构。这个动态网络既有创业型大学的人、财、物等各种组织要素运行的机制，也包括大学外部的人或组织，以及大学内外部组织要素交流的机制。静态来看，创业型组织是大学创业团队中人、职位、任务以及它们之间特定的关系构成一个网络，服务于创业型大学创新创业的目标；动态来看，创业型组织是为完成创业型大学的目标而存在的不断变革的组织结构，它通过各种运行机制整合资源特别是调配大学与外部之间的资源，以实现动态平衡，共同实现创新创业。

在创新创业管理部门上，李振认为要借鉴韦伯的科层制理论，不断优化学生实践与创业管理专业管理部门。学生处作为高校管理学生创业的职能机构，下设学生实践创业管理指导中心，在各级学生会中设立学生实践指导部，并且在班级委员会中设立专门的班干部对应配合管理学生的实践和创业情况。这种管理和创业的层级管理，有助于全面掌握和了解学生的创业状况，并且形成监察、指导等作用，配合各个层级的学生管理部门，帮助高校全面管理好学生的创业行为。在创新创业管理制度上，朱华兵从人事制度、科研制度、工作量制度和大学生创业鼓励制度四个方面提出了建议。

关于大学生创新创业教学服务的研究。对于大学生创新创业教学服务存在的问题，我国学者主要从创新创业教学理念、创新创业教学内容、创新创业课程体系、创新创业师资力量、创业教育对象以及创业教学环境等方面进行研究。在创新创业教学理念方面，胡燕生认为当前很多高校教学理念不适应时代发展要求，创新创业教学还是仅仅停留在理论知识传授上，在教学过程中仍然沿袭了传统的教学模式，以实践锻炼为指导，注重体验式教学开展，实现理论与实践有机结合的创新创业教育模式未得到充分落实。

在创新创业教学目标方面，王超指出高校创业存在目标不清晰、目标功利化问题。在创新创业教学体系方面，谢芳、伍丽认为创业课程开设不合理，缺乏专业性，创业课程没有固定参考书目，上课内容具有随意性，不能与学生所学专业相结合，大部分学校没有科学完善的创业教育课程考核机制，多以创业比赛、书写创业计划书或考试等形式来检验课程效果，不仅无法科学检验其效果，而且不能培养学生在实际创业中解决问题的能力。在创新创业教学模式方面，王丽娟、高志宏认为虽然有学者把我国高校创业教学的模式归纳为三种：课堂式创业教育、实践式创业教育、综合式创业教育，但我国大学生创新创业教学模式仍然是传统的应试教育模式的延续和翻版。在传统教学模式下，采用"填鸭式"教学，学生被动地接受知识，谈不上学生自主学习能力、实践能力和创新能力的培养。在创新创业师资力量方面，项勇认为很多高校的创业创新教育授课教师属于"学院派"，对创业、企业（公司）运营的实际经验较少，指导学生进行创业创新实践活动能力不够，仅仅是以书本为主导进行传授。

目前部分高校为弥补创业创新教育师资的不足，聘请部分企业家担任客座的讲师，但其讲授形式基本上以讲座为主导，未形成授课的教育体系，缺乏组织协调，收效甚微。在创新创业教学对象方面，王元钊、张秀峰指出大学生对创业教学定位不准、对创业教学的价值、创业教学所需要的统筹机制认识不足；大学生的创业意识不高；创业项目科技含量不高；大学生创业兴趣不足等。从创新创业教学外在环境来看，朱静然等指出创业教育外部环境需要改善；缺乏家长理解和社会的理解，缺乏相关机构的政策性支持；创业教育的资源不足，创业教育的服务保障体系不够完善。陈伟、李景保认为创新创业教育的社会氛围和整体环境有待进一步完善。

针对大学生创新创业教学服务存在的问题，我国学者主要从创新创业教学理念、创新创业教学原则、创新创业教学模式、创新创业课程体系、创新创业师资力量等方面提出建议。在创新创业教育理念方面，伊剑认为高校的创新创业教育不应限于"照本宣科"式的理论知识讲解，而要重点强化大学生的创新创业意识，培养大学生树立"数据驱动创新创业"的理念，使其不再依靠个人或团队经验来选择创业方向。方伟认为高校应深刻理解创业教学的内涵和它的遗传密码价值，从中提取出适于自身发展的属性，并把其融入到大学的文化和教育理念中，从而指导教学体系建设。在创新创业教学原则方面，李亚原认为要遵循广谱性原则、方向性原则、一体化原则和特色化原则。在创新创业教学模式方面，胡燕生提出了构建与大学生就业相结合的教学模式、与专业教学相结合的教育模式、与实践相结合的教学模式和与素质教育相结合的教学模式。在创新创业教学体系方面，孟晓媛、刘继东提出一要整合教学资源，完善课程体系；二要创新教学方法，拓展教学内容；三要丰富教学形式，改变考核方法。在创新创业师资力量方面，李亚原认为学校要改革人事分配制度，完善双师素质教师的培养、使用和激励机制，制定企业兼职教师聘用、培养与考核评价管理办法，建立行业企业技术骨干担任实践技能课兼职教师的长效机制和动态管理机制。在创新创业教学环境方面，张巧提出推进校地协同创新，是高校全面提高教学质量促进创新创业发展的战略举措。协同创新需要地方政府、金融机构等相关部门的协同支持，出台相关政策措施鼓励高校院所与科研机构和企业开展深度合作，积极参与、密切配合，建立协同创新战略联盟，发挥自身优势，投入各自的优势资源，营造激励创新创业的公平竞争环境。黎春燕、李伟铭、李翠提出要建设跨界师资队伍以提升创业教师的跨界素质、完善创业教师的培养机制、整合优秀社会师资资源。

关于大学生创新创业资金服务的研究。对于大学生创新创业资金服务存在的问题，我国学者主要从创新创业资金的筹集、使用、管理和退出等方面进行研究。

在创新创业资金的筹集方面，邢楠认为目前大学生创业资金在筹集上主要包括以下几个问题：创业启动资金匮乏、融资渠道狭窄、大学生创业获得资金的限制条件较多以及政府投入不足。在创新创业资金的使用上，徐洁认为大学生创新创业资金存在无偿性与有偿性的定位矛盾，如果只强调其无偿性，基金的管理者就必须不断拓宽资金筹集渠道，从而导致对财政预算和社会捐赠的依赖越来越高；如果过度强调其有偿性，会对本就处于尚不成熟阶段的大学生创业公司形成短期内巨大的还款压力，很有可能导致基金根本无法发挥扶持的功能。肖建国认为存在以下问题：集资筹划不足，对自主创业缺乏客观正确认识，错失社会扶助，对援借资金缺乏信托责任意识，集资方式单一，对资金使用缺乏科学规划预算，资金流向混乱；投资选择不慎，忽视市场调研，投资盲目乐观，资金回笼缓慢，失去市场信心，难敌利益诱惑，违反道德法纪；融资运作不当，学生信贷资质受限，吸引社会投资难，资金断流急于融资，失去自主控制权，信誉破产，非法借贷，高额债务难偿还。在创新创业资金的退出方面，刘培培、许宁认为风险投资缺乏有效的退出渠道。在创新创业资金的管理上，徐洁认为目前大学生创业资金管理模式具有非专业化的弊端：在创业项目的评估阶段，忽视项目选择的专业性基础，缺少相关专业人员的智力支持，在创业基金投出后，因学校创业管理职能部门人手有限，加之在基金使用上绩效意识淡薄，缺乏必要的项目后续跟踪和指导措施，未能对受资助项目形成有效的压力管理，导致创业资金使用效率偏低。

针对大学生创新创业资金服务存在的问题，我国学者主要从创新创业资金的筹集、使用、管理和退出等方面提出建议。在创新创业资金的筹集方面，巩岩、李刚认为高校创业基金对创业企业资助可以通过以下方式：无息借款方式、银行贷款贴息方式和股份制方式。邢楠认为解决大学生创业资金筹集难问题，需要政府、高校及社会三方面的共同作用，建立完善的大学生创业资金支持系统，并提出了政府加大对大学生创业的投入力度、拓宽融资渠道、高校积极支持大学生创业融资以及改善大学生创业融资环境几项建议。林金贵、邹艳辉、杨邦勇认为需要政府出台大学生创业资金扶持相关法律法规、国家设立大学生创业专项基金，加大创业资金投入力度、鼓励盘活社会资金、拓宽融资渠道以及充分挖掘自有资金，提高创业自身动力。在创新创业资金的使用上，徐洁就优化创业基金使用结构、提高基金资助大学生创业的针对性和实效性提出了几点建议：高校大学生创业基金应特别加强对处于种子期和创建期的创业项目的培育和支持，在注资方式上还应灵活采取多种形式，主要包括：无偿资助、一定年限内（一般为 2 ~ 3 年）免息资助。在创新创业资金的退出上，韩刚、黄玉东、杨晨辉等认为不应该采用直接"一刀两断"的方式，可以邀请专家对企业的营业额、利润率进行评估，并结合企业的发展情况合理地制定退出方式。最好使用边扶持、边退出的方式。在创新创业资金的管理方面，创建大学生创业贷款管理中心，强化大学生创业信贷管理，负责监督落实国家、省、市大学生创业贷款政策措施，着力协调大学生创业人员在贷款过程中遇到的各种问题。同时，开展形式多样的特色活动，宣传大学生创业贷款政策等，帮助大学生创业者提升自身创业能力和成功率，确保其按期归还贷款。

关于大学生创新创业平台服务的研究。对于大学生创新创业平台服务存在的问题，我国学者主要研究创新创业场所和大学生自身两个方面。在创新创业平台方面，我国学者主要从创新创业平台的目标定位、创新创业平台场所的规模和创新创业平台的配套设施等方面进行研究。在创新创业平台的目标定位方面，兰华、杨宏楼认为高校大学生创业园的目标定位不明确，忽略了自身特点，盲目追求创业园的"大"和"全"，最终导致创业园不能适应本校大学生创业实践的要求。部分高校在创业园建设中注重大学生创业的成功率和经济效益，以创业园产生的经济效益来衡量相关管理部门的业绩，违背了培养和提高大学生创业能力的初衷。在创新创业平台的规模方面，何登溢认为从目前大学生创业园区发展状况看，多数园区规模较小，整体实力较弱，很多大学生创办的企业还处于初创阶段，无论是创业项目的科技含量，还是经营管理水平都有待提高，还需要经过很长一段时间的发展积累才能从孵化器中走出来，在激烈的市场竞争中逐步走向成熟壮大。在创新创业平台的软硬件服务方面，创业园应为入驻的项目提供相应的办公场地、物业管理、创业培训、项目评审考核等看得见的服务，但是在项目指导、跟踪服务、风险投资、利用政策等方面较为薄弱。何登溢认为创业园区内不但能够满足大学生创业需要的经营店面数量有限，而且在经营店面的线路改造安装、门面装修，园区内的道路硬化、绿化、管道铺设等方面都有待明确负责管理部门和人员以维持正常的运转。在大学生自身方面，兰华、杨宏楼提出了大学生自身能力不足、资金来源单一且利用率低以及营销技术不成熟几个问题。金碧华认为大学生知识结构比较单一、知识面比较狭窄；社会经验尤其是创业经验和市场经验缺乏，考虑创业问题简单化、理想化，导致在项目选择、规划设计、市场运作等方面不能做出正确判断；心理承受能力较弱，经不起坎坷挫折，容易半途而废。

针对大学生创新创业平台服务存在的问题，我国学者主要从创新创业平台和大学生自身两个方面提出建议。在创新创业平台方面，我国学者主要从创新创业平台的目标定位、创新创业平台的培养模式和创新创业平台的配套设施等方面进行研究。在大学生创新创业平台的目标定位上，兰华、杨宏楼认为高校在大学生创业园的建设中不仅仅是组织者和管理者，还要加强对大学生创业的指导。高校应根据学校自身优势，结合地区经济发展，综合考虑大学生创业园的定位。在指导大学生制订创业项目计划时，应充分利用大学生的专业特长及自身特色，紧跟市场需求，避免出现低水平、高重复的创业项目。在创新创业平台的运作模式方面，代君、张丽芬总结并提出了促进大学生创业校内基地建设和运作的模式，包括工作室模式、参赛牵引模式、模拟对抗模式、平台交流模式、项目驱动模式、订单介入模式，构成既结合学校实际、具有可操作性，又具有长效作用的运行模式。张芬、姚金凤提出了建立学校主导、政府支持、企业参与的运营模式和全真为主、仿真为辅的创业孵化模式的建议。在创新创业平台的软硬件服务方面，王涛、顾瑒佶提出建立"一站式"服务平台。为进驻创业园的创业团队提供公司注册、财务管理、法律咨询和知识产权保护等专业化服务；积极主动与银行签订创业贷款合作协议，为大学生创业开辟注册、纳税、融资绿色服务通道，为创业大学生提供免担保贷款；为创业团队搭建与知名企业交流的平台，让大学生创业团队更多地了解产品市场及新技术，增加大学生创业团队的市场竞争力。于跃进认为，大学生创业园要充分认识到信息平台的价值，建立创业园综合服务信息平台。一方面，在日常管理中，创业园应将房间管理、水电物业维修等公共服务纳入信息平台，提高管理的效率；另一方面，创业园应通过与各级政府金融机构、中介服务公司等紧密合作，搭建信息平台，加强信息交流，实现资源共享。在大学生自身方面，兰华、杨宏楼认为大学生要不断提高自身能力、积极拓展融资渠道、积极提高营销技术。

二、国外研究现状

国外学者对创业的研究始于20世纪60年代，至今已经取得丰硕的成果，国外专家对创新创业的研究领域也在不断地拓宽，主要包括创新创业教育研究、创新创业政策研究以及创业环境研究等。

（一）关于大学生创新创业内涵的研究

奥地利经济学家熊彼特是创新理论的奠基人。按照熊彼特的观点，"创新"就是"建立一种新的生产函数"，也就是说，把一种从来没有过的关于生产要素和生产条件的"新组合"引入生产体系。这包括五种情况，即引进新产品、引用新的生产方法、开辟新的市场、控制原材料的新来源、建立企业的新组织。创新是一个非常复杂的思维和实践过程，是产生现实尚不存在的新事物、新思想的人类活动。熊彼特认为，"创新"是一个经济中"内在的因素"，"经济发展"也是"来自于一个经济自身创造性的变动"。现代管理学之父德鲁克提出，创新是赋予资源以新的创造财富能力的行为。任何使现有资源的财富创造潜力发生改变的行为，都可以称为创新。熊彼特之后，西方经济学家对创新理论的研究形成两大独立分支：一是以技术变革和技术推广为研究对象的技术创新；二是以制度变革和制度形成为研究对象的制度创新。

Stevenson 认为创业是个人不管是独立还是在组织内部，追踪和捕获机会的过程。在此基础上，他还提出了创业包含三个非常重要的因素，即机会知觉、利用机会的意愿、获得成功的信心和可能性。Gartner 认为应该从企业的角度来定义创业，他将创业描述为新组织创造的过程，这与 Low 和 Macmillan 将创业定义为新企业的建立一致。Hisrich 提出创业就是通过投入必要的时间和精力，承担相应的财力、心理和社会风险并接受金钱和个人满足和回报，来创造具有不同价值的东西。熊彼特认为创业的过程就是创新的过程，创新者就是创业者，创业者通过创新使自由市场经济的内在矛盾得以克服，从而促使经济得以增长，因此创新就是创业。Cole 则将创业定义为一种有目的的行为，创业者首创、保持并最终将这一行为发展成一种有利润来源的生意，即创业是一种逐利行为。Leibenstein 提出，公司不一定非要在它们生产能力的外界约束条件下运行，因此创业就是比竞争对手做得更好更强的一种能力。Stevenson 和 Roberts Grousback 认为创业应是一种被感知到的机会所驱动的行为，而不是被现有资源控制的行为。

（二）关于大学生创新创业教育的研究

国外对于创新创业教育的研究起源于美国，1947 年 2 月，哈佛大学商学院率先设立了创业教育类课程《新企业管理》，开启了创业教育的先河，斯坦福大学紧随其后于 1949 年开始了创新创业教育，百森商学院于 1967 年开始设立创业课程，声称自己"集中于创业教育"并于 1978 年设立了第一个创业研究中心。20 世纪 80 年代，美国经济变革对其高等教育形成了较大冲击，"创业革命"在美国兴起，之后创业教育逐步在全美国教育学界发展起来，并在 20 世纪 90 年代后获得迅猛发展，广泛受到美国政界、商界和教育学界的重视，形成涉及小学、中学及大学的美国创业教育体系。在创业教育研究领域中具有突出贡献的学者是 Jeffry Timmons，被誉为"创业教育之父"，其代表作《创业学》中介绍了创业学的基础知识、创业实务和商业计划，作为创业教育的权威教材被近千所高校和培训机构使用。

通过对国外的创业教育理论研究和实践半个多世纪的发展历史的梳理，发现研究主要集中在创业教育定位、创业教育评估、创业教育课程和创业教育师资等方面。在创业教育的定位上，Jack Harvey 认为创业教育主要是培养人的创新意识、创业精神和创业能力等方面，最终的目标是培养具有创新创业能力的人才。Peter Drucker 指出："创业教育不是魔法，也并不神秘。创业是一种技能，人们经历过长期的学习和锻炼就可以对创业技能得到很好的掌握。"在创业教育课程上，就创业教育的课程体系而言，Jeffrey Timmons 等同样对创业教育课程的创建具有独到意见，其认为课程机制应当细分成创业主体、创业建设、机遇、融资、资源需求以及战略规划这几个方面，必须通过系统课程开发来提升学生实际创业能力。Noel 认为，创业教育课程应当将以下内容囊括在内，即创业的概念、自我评价、外部环境等。在创业教育师资方面，大学教师不仅应当掌握扎实的理论基础，同时还应当具备丰富的实践经验，由此才可以推动创业教育的顺利发展。所以，Donald R.Kuratko 主要将师资培育当作切入点，认为应当培育出一部分拥有高学历并且具备较强实操能力的教师来参与创业教育。在创业教育评估上，Peter Robinson 就该问题进行了研究，最终得出应当分别从六个角度完成评估，即在研究生或本科生中开设的相关课程数目；对课程属性进行分类，分为辅修课、专业课等；教育活动的执行者对教师的性质进行分类，即全日制或非日制等；确保组织的正规和合理，在高校部分院系设立创业教育等；为学生增设新的奖学金类别；鼓励学生实施创业行为。

（三）关于大学生创新创业政策的研究

国外学者对于大学生创新创业政策的研究始于 20 世纪 80 年代，到了 90 年代，学者才将创业政策划分为一个独立的研究领域。在 20 多年时间里针对创业政策进行了深入研究，形成了具有典型代表性的创业政策理论体系。比较有代表性的是瑞典学者 Lundstrom 和 Stevenson，美国学者 Hart 和 D.Egheit，其中 Lundstrom 和 Stevenson 是最早关注并研究创业政策的两位学者。由于各国对创业政策认识水平的差异，各自都采取了不同类型的创业政策体系。

创业政策的基本内涵的界定是研究创业政策的逻辑起点，大多数西方学者将政策是否与创业有关作为判断是否是创业政策的依据，但由于对创业政策的内涵及本质的不同理解，从 90 年代至今，学者们对于创业政策都没有形成统一的定义。

西方学者 Stevenson 和 Lundstrom 较早地关注了创业政策，他们认为："创业政策是为激励一国或地区经济主体的创业精神并提高其创业活动水平而采取的政策措施。"通过创业政策构筑创业动力、技能和机会，从而鼓励更多的人选择创业，推动他们进入创业过程。创业政策最重要的作用时期是创业开始前、创业开始阶段以及创业开始后的 42 个月内，同时指出，创业政策的本质是刺激创业。Jock Collins 关于创业政策的内涵的理解简单明了，指出创业政策就是政府所制定的鼓励小企业创立、成长的政策和相关支持措施。Hart 认为创业政策涉及的范围很广，从地区到国家，从低技术经济到高技术经济，它全面地涵盖了政府的管理能力，从制度政策到经济发展，进而改善贫困局面。在对创业政策分类方面，Lundstrom 和 Stevenson 通过对一些国家和地区的经济结构、发展层级阶段、政府角色、创业发展动态以及其经济、政治和社会状况等因素的综合评估，并结合了制定创业政策应遵循的目标策略与计划、鼓励人们成为创业者及促进创业阶段的相关要素、政策结构与过程等，提出了四种类型的创业政策：第一，中小企业的推广——聚焦于推广中小企业的计划和服务；第二，新企业的创立政策——减少新企业进入和退出的障碍；第三，细分创业政策——刺激小部分人群进行创业；第四，全面创业政策——目的是加强创业文化和能力。有学者专门对制度和文化环境对个人职业选择的影响进行分析。如 Verheul 等学者在 2001 年基于创业者对文化、创业机会、职业选择以及资源可用性等观点总结出了五种类型的创业政策：创业需求型政策、创业供给型政策、创业风险—奖励机制型政策、资源和知识可用型政策、创业价值型政策。

（四）关于大学生创新创业环境的研究

广义上的创业环境是创业相关理论和实践的全体，狭义上的创业环境主要指经济、文化、教育、社会、法治、生态等子环境。创业环境作为一个大的体系是其内部各个要素之间相互影响、相互作用的结果，因此具有复杂性、动态性和多样性。作为创业过程中不可或缺的影响因素，创业环境决定了企业能否顺利识别创业机遇以获得创业资源，也在很大程度上决定了创业的成败，因此一直都是国外学者研究探索的学术热点课题。

国外学者对创业环境的认知主要分成以下两大流派，一是环境决定论，代表人物是 Aldrich 和 Pfeffer，他们把环境看作组织不得不去融入的一系列外部条件；一是战略选择论，代表人物是 Child，他把环境看作组织自身能够感知的外部"客体"存在。这两大主流观点构成了创业环境理论界定的研究基础，之后学者 Scott 在总结 Aldrich 的观点的基础上提出创业环境是一种制度环境，包括规制的制度、规范的制度以及认知的制度。

关于创业环境的要素内容，国外学者已经形成了较为系统的维度划分模型，其中最为典型的是"五维度模型"和 GEM 模型。"五维度模型"由 Gnyawali 和 Fogel 提出，比较系统地概述了创业环境的构成，将创业系统分为政府政策和工作程序、社会经济条件、创业和管理技能、对创业的资金支持以及对创业的非资金支持五个维度。全球创业观察（GEM）研究报告致力于研究世界范围内各个国家的创业环境，在衡量创业对经济效益增长作用的基础上横向评价每个国家区域创业活动开展的情况及其相关影响因素，并且构建了较为完善的环境要素体系，其概念模型把创业环境要素归为九个方面——金融支持、政府政策、政府项目支持、教育与培训、研究开发转移、商业和专业基础设施、进入壁垒、有形基础设施、文化与社会规范。此外，Gartner 从个体、组织、过程和环境四个维度描述了新企业创生框架，认为创业环境由资源的可获得性、周边的大学及科研机构、政府的干预及人们创业态度等因素组成。Anna Lee 通过对硅谷地区移民创业者进行研究，探讨了当地的创业环境，主要包含以地区网络为基础的工业体系、密集的社会网络、开放的人才市场、地区的社会文化氛围。Austin 认为创业环境包括宏观经济环境、税收环境、规则结构环境和社会政治环境四个维度。

（五）国内外研究评析

通过梳理国内外文献可以发现，对于大学生创新创业的研究已经引起了国内外学者的广泛关注，在相关学科理论的支撑基础上，不管是在大学生创新创业管理、创新创业教育、创新创业资金、创新创业平台方面，还是创新创业政策、创新创业方面的理论研究面都取得了很大的进步，观点和方法等研究成果日益丰富成熟，为进一步研究打了下基础，但是目前国内外对于大学生创新创业服务体系构建的关注和研究仍然处于初期阶段，在理论体系的构建和实践应用上还有待进一步完善，主要存在以下几点问题与不足：

1. 研究的系统性和整体性有待加强

在研究的视角上，国内外学者更侧重于从单一视角如创新创业教学、创新创业政策、创新创业资金等对大学生创新创业活动进行研究，而以综合的视角从体系和整体上进行探讨的成果相对较少。创新创业过程需要创新创业管理、教学、资金和平台等子系统所提供的服务，每个子系统的服务都直接或间接地影响着创新创业动机和创新创业能力的形成，最终决定创新创业活动能否成功开展，不同子系统之间关系是否契合、能否形成有机联动对于创新创业理论体系的完善和创新创业活动的实施成效具有重要意义。因此，相应的各个子系统所提供的服务也应该是一个融为一体的整体，在研究时不应将其拆分开孤立地局限于某一个系统，而是要立足于整个创新创业服务体系的框架，对各个子系统之间如何进行有机协同运作进行深入探讨。

2. 研究的深入性和细致性有待加强

通过整理和总结相关文献，笔者认为国外对于大学生创新创业活动的研究更多地采用了模型推导，无论是对于创新创业教育模式还是创新创业政策框架的研究都提出了相应的规范和模型，在理论研究的基础上也加入了实证分析方法的运用，研究成果较为客观地分析评价了大学生创业活动的实施现状并给出了相应的优化设计，整体的研究范式已经相对成熟。由于国内对于大学生创新创业的研究起步较晚，虽然也初步取得了成果，但总体上仍处于摸索和起步阶段，在研究方法上大多采用经验描述法进行定性分析，部分研究进行了实证分析如问卷调查、个案分析、观察访谈，描述分析大学生创新创业服务所存在的问题并提出改进的对策建议，但大多数调查研究没有对大学生创业服务体系进行模型分析，研究的涉及面狭窄、样本的代表性和广泛性不够强，缺乏评价大学生创新创业服务体系指标与具体的协作规划方案，研究方法亟待突破。

3. 研究的针对性和实效性有待加强

目前学术界并没有给大学生创新创业进行清晰的定义，在厘清创新型创业与一般创业的区别上还有待加强。此外国内外的研究成果对于大学生创新创业服务体系的分析框架和研究边界也没有给出明确的界定。大学生创新创业服务体系研究层次的划分上存在交叉。大部分学术成果是基于宏观的国家、社会、学校三个方面进行研究，而聚焦于高校责任主体、从高校服务体系这个角度进行深入研究的文献较少，研究者对于我国高校在大学生创新创业中提供的服务体系构建的研究还尚未完善，问题的指出以及对策建议都还较窄较浅，缺乏全面性和前瞻性。因此，国内关于大学生创新创业的研究内容在广度和深度上都仍显不足，有待进一步挖掘。

第四节　相关概念、理论基础

一、相关概念

（一）产教融合

通过文献、资料等发现"产教融合"一词在书本上并没有给出具体概念。张禹认为其是教育与生产合作，来培养国家所需的高素质与高技能人才，是一种复合型人才培养的模式。

根据文献等总结，产教融合可以表述为由政府领导，企业和高校共同培养人才的一种模式。由于政府、企业和高校三方有着自身不同的资源和优势，比如政府起到宏观调控、引导和管理作用，企业提供实践平台，而高校可以作为理论或者科学研究的平台，这三者在人才的培养过程中是相辅相成、相互配合来进行人才培养。这既可以为人才培养提供理论支撑，还满足了人才培养过程中的实践需要。

（二）人才

"人才"一词在我国出现时间非常早，最早出自《易经》的"三才之道"，不过从文献的角度来看，单一将人才列出来定义的较少，基本上都是结合研究者研究的某方面人才来进行定义的，比如要研究"网球人才"，则会将"网球人才"整个定义。随着时代变更，"人才"这个词的定义也在不断改变。

（三）人才培养

根据社会经济发展的需求，利用一定资源和手段对人进行教育、培训，使其满足某一特定领域需求的过程叫作人才培养。

（四）创新创业人才

"创新创业"既不能简单地与"创新"划等号，也不能等同于"创业"。在逻辑上创新在首位，它指向人的心理品质和意识；而创业则是目标及结果，它指向人的经济行为与实践。因此，创新创业不仅对人的本体意识和认知有要求，也对外界环境有一定的要求。

创新创业人才以实践为取向，向横向发展，以技术综合运用，并将其产品化、产业化为目的，表现为具有一定开拓精神的实业家的特点。

创新创业人才是一种综合型人才，既要有纵向的专业知识，又要有横向的跨学科知识和人文经管知识。唯其如此，才能在知识的综合运用中，在与多方人士的交往与协调中，在充满挑战与希望的征途中闯出一片天地。因此，创新创业人才文化知识素质的要求从面上讲要广、博，因为学过的东西，将在什么时候，以什么形式发挥作用是难以预料的；从点上讲要精、深，只有对某一知识领域精深地了解，才有可能在该领域的某个角落找到突破口；从结构上讲要科学合理。现代社会文化知识的总量、信息的总量不断增加，使教育对象很难成为掌握"百科全书式"的人才，事实上这种人才在学校阶段完成培养也不可能。如果所掌握知识的内在结构不合理、不科学，缺少交叉、组合、迁移的活性，就很难发挥综合效果，很难找到创业的切入点。创新创业人才的能力素质的要求主要是专业能力、管理能力和综合创新能力三个方面。专业能力是人们从事某一行业所必须具备的本领，是谋发展、求生存的手段。专业能力的高低影响着社会实践活动的效率和成败。管理能力是一种人、财、物、时间、空间的合理组合，是现代社会十分重要的职业要求，是科学运筹和优化配置的心理能量的显示，在较高层次上决定着社会实践活动的效率和成败。综合创新能力是各种能力的有机整合，并不是各种能力要素的简单堆砌。综合创新能力的高低集中地体现创新创业人才能力素质的高低，并在最高层次上决定着社会实践活动的效率和成败。

创新创业人才心理素质主要是在敢为性、外向性、坚韧性、合作性等方面有要求。对创新创业人才的道德素质的要求主要是要具备奋发进取、自强不息、振兴中华的使命感和责任感。当代有志青年应当意识到自己身上的重担，既要放下包袱，又要自加压力，报效祖国。

二、理论基础

（一）人的全面发展理论

全面发展由人的自主性、独特性以及创造性所构成的，应充分发挥个体潜力与天赋。自主性指的是个体应有主动探究的能力，社会进步得益于个体的主动性。独特性是指在人发展阶段中，不同个体是有差异的，表现在同一时期的个体差异以及不同时期的个体发展差异。创造性是个体的潜能发挥，是个性的完全发展。该理论还指出发展能力是非常重要的，并且能力具有复杂化和综合化的特点，其中包含了对于知识的获取、对问题的分析和对问题的探索能力。

创新创业教育不仅需要锻炼他们的实践能力、交往能力和处理实际问题的能力，还需要锻炼他们不依不挠的能力，从而使他们在实践中提高能力，内化所学，以此发展各方面能力。所以人的全面发展理论给创新创业人才的培养提供了必要理论基础，因此我们需紧抓创新创业人才教育本质，避免理论化过强的教育方式，从而全方面促进学生的创新创业发展。

（二）理论结合实践理论

最先提出该理论的人是卡尔·马克思，他指出如果将理论和实践结合起来，这样能够大力提升社会的生产效率。列宁同志则又进一步深化了这个理论，他指出教育和生产相结合是年轻一代去实现现代化的必经之路。

理论和实践相结合理论对本书的建设起到了两方面的启示，一个是高校创新创业人才培养的开展一定要紧密地与社会生产劳动相联系，就这一点上，便和产教融合内涵具有高度的一致性。产教融合是企业、教育的结合，这种结合能够有效聚集教育领域和产业领域的优势，从而盘活多方资源，进而突破单个领域发展的瓶颈，以便提高产业结构升级的速率以及发展区域经济方式的转变。所以有关创新创业人才培养教育的实施一定要建立在区域经济发展的现实情况基础上，且能够利用各界优势资源。另一个是教育结合生产，要求人才不仅具备理论知识，还要具有实践能力。这就要求在创新创业人才培养的理念和实施方式上要以学生的实践能力为主，从而进一步引导相关创新创业人才的培养，力争对区域产业的升级起到推动作用。

（三）三螺旋理论

三螺旋理论是学者借鉴了生物学中的 DNA 三螺旋模型，并以此为基础建构出当代经济社会发展的三个重要创新主体，政府、企业和高校。此模型的含义是政府、企业、高校三个职能主体既相互独立，又相互依存，且平等互惠。三个职能主体，它们的职能范围较为模糊，比如高校在实施自身职能的同时，也履行了与政府和企业相关的职能；同时，政府的主要职能也在不断拓展，向多元化的方向发展，比如，会帮新的企业筹集资本；而企业的主要职能也不断凸显出来，它们不仅能够生产相关商品也能够进行相关的研究、对员工进行培训。这三个主要的主体形成了"三螺旋形式"，它们相互缠绕上升，在上升的过程中，不断地扩大影响范围。此理论强调政府、企业与高校间的深度合作，三方共同创造出的社会价值就是三个主体的共同利益基础，三方的主要职能与角色定位则是根据经济市场的需要去随机转化，并且此过程中，三方可根据现实需要去担当相应的领导者或组织者再或者参与者的责任，在活动进行的过程中，三方可以充分发挥自身优势。

当前有关创新创业的教育与我们平常接触的知识文化方面的教育不太相同，创新创业本身就是一种实践性和开放性非常强的活动。在创新创业的教育过程中，如果仅依赖高校自身的力量，很难去保证其教育的质量以及所培养人才的素质。因此，创新创业人才培养需要三螺旋理论的支持，由此形成由政府带头，企业与高校共同参与的培养系统。这个系统通过不同主体的跨界合作、优势互补，从而促进政府的职能转化、企业的科技与制度创新、高校的创新成果转化，以此来实现三者的共赢局面。

第五节　研究对象、研究方法

一、研究思路

本研究在充分借鉴国内外已有研究成果的基础上，采用问卷调查和访谈相结合的方式，调查研究大学生创新创业的高校服务体系现状，探究其现实成就以及存在的问题，并有针对性地提出相应优化建议。本研究的具体思路如下：

首先，通过查询资料和阅读文献，对国内外大学生创新创业高校服务体系的研究现状和成果进行梳理与评析，对创新创业、大学生创新创业及创新创业高校服务体系的概念进行界定，选择创新型人才培养理论、创新型企业理论、系统理论作为本书研究的理论基础，明确高校创新创业服务体系内部要素，构建创新创业管理、教学、资金、平台四维一体的创新创业服务体系。

其次，以国内 20 所大学为调查样本，运用问卷调查和深入访谈等研究方法从创新创业管理服务、教学服务、资金服务和平台服务四个方面对大学生创新创业高校服务体系现状进行了实证研究，运用 SPSS 等软件对调查数据进行统计分析，梳理创新创业高校服务体系的运行成就和不足之处。

最后，在定性分析和实证研究的基础上，从创新创业管理、教学、资金和平台四个维度提出优化大学生创新创业高校服务体系的对策。

二、研究方法

本书的主要研究方法如下：

（一）文献分析法

本书参阅国内外相关文献著作，对"创新""创业""大学生创新创业""高校创新创业服务体系"等文献资料进行搜集、整理与分析，归纳出当前高校创新创业服务体系的研究现状，进一步对已有研究成果作系统梳理，为笔者进一步探析高校创新创业服务体系奠定理论和实证研究基础。从已有的研究成果中借鉴成功的经验，以此作为本研究的出发点，以期取得具有创新性的研究成果。

（二）实证调查法

本研究在查阅并借鉴大学生创业相关文献的基础上结合本研究所要调查的内容设计调查问卷，通过 SPSS 软件进行数据检验，分析调整问卷的题项和内容。主要调查高校在创新创业管理、教学、资金以及平台等方面为大学生提供的服务，并通过后期的问卷数据整理和分析，了解大学生创新创业学校服务体系的现状，为后期梳理创新创业高校服务体系的现实成就和不足之处、提出优化建议提供依据。

本研究的访谈提纲根据自己的研究角度和研究需要，内容主要围绕高校对大学生创新创业提供的服务，分别从创新创业管理、教学、资金以及平台四个方面对国内 20 所本科高校进行了线上访谈，共访谈负责创新创业工作的管理人员和教师 23 人以及参与过创新创业实践的在校大学生 26 人。目的是对当前大学生创新创业高校服务体系现状做出具体了解，以辅助本研究的进行。

（三）较分析法

通过阅读已有的文献，首先对一般性创业与创新创业的区别进行比较分析，其次，梳理总结国外在大学生创新创业政策制定、教学和平台搭建方面取得的成功经验及做法，与本国大学生创新创业高校提供的服务内容进行对比分析。此外，对国内各高校提供的创新创业服务进行比较分析。从创新创业的视角深入研究大学生创新创业之高校服务体系的运行现状、现实成就和不足之处，并给出相应的优化建议。

三、研究重点、难点与创新点

（一）研究重点

根据上述研究思路，本书将重点对以下三个方面进行研究：

1.厘清高校创新创业服务体系的具体要素及其结构

在理论研究的基础上总结已有的研究成果和相关经验，厘清高校创新创业服务体系内部具体的要素构成，为下一步问卷设计、访谈及探索完整的高校创新创业服务体系打下基础。基于创新创业服务体系内部具体的要素构成，结合相关调研数据，采用探索性和验证性因子分析方法，探索构建高校创新创业服务体系，并进行信度与效度的验证。

2.梳理总结高校创新创业服务体系存在的不足之处

在阅读国内相关文献的基础上，总结提炼目前高校创新创业服务体系可能存在的问题，通过问卷调查和深入访谈探析目前我国高校创新创业服务体系现状，深入挖掘体系构建的不足之处。

3.完善高校创新创业服务体系的优化对策

基于本书构建的高校创新创业服务体系基本现状及不足之处，以及国外高校创新创业服务的经验和启示，从管理服务、教学服务、资金服务、平台服务四个维度提出优化高校创新创业服务体系的相关对策建议。

（二）研究难点

1.确立大学生创新创业高校服务体系的要素及评价指标存在一定困难

由于创新创业的概念是近几年才被提出，国内关于创新创业内涵还没有明确的论述，相关的参考文献数量也较少，因此厘清创新与创业之间的关系较难。此外，当前研究更多是从政府、社会、高校联合服务体系的视角对高校大学生创业进行探析，从学校服务体系角度出发，深入系统地研究大学生创新创业高校服务体系的文献很少，可供参考的文章数量不足，因此对于高校大学生创新创业服务体系内部要素及评价指标的设计较为困难。

2.实证研究存在一定的困难

本研究采用问卷和访谈相结合的方式进行。首先，问卷设计既要与本研究的主题密切相关，又要考虑到不同地区不同性质的高校大学生创新创业服务体系存在的问题。其次，调查问卷结构以及具体调查题项的设计给笔者提出了较大的挑战。最后，发放问卷并有效回收，深入访谈的有效进行，需要各部门负责老师和同学们的积极响应和热情配合，这意味着笔者需要做大量的前期铺垫工作来保证调研的顺利进行。

（三）研究创新点

1.研究视角创新

在研究的视角上，国内外学者更多地从单一要素出发对大学生创新创业服务进行研究，如创新创业教学、创新创业政策、创新创业资金等，研究的系统性不足；或者站在宏观的角度，从国家、社会、学校三个方面对大学生创新创业服务体系进行研究，很少聚焦于高校这个责任主体进行深入研究，研究的针对性不够。本书从高校的视角出发，对整个高校创新创业服务体系的结构以及体系内部各子系统之间如何进行有机联动、形成协同运转进行深入探讨，在研究视角上具有一定的创新性。

2.研究成果创新

本研究重点在于厘清创新与创业的关系的基础上，对大学生创新创业服务体系的内涵进行界定。利用创新型人才培养理论、创新型企业理论以及系统论作为理论基础，以高校为研究对象，明确了大学生创新创业需要的服务要素，构建了创新创业管理、教学、资金以及平台四维一体的大学生创新创业之高校服务体系。其中创新创业管理服务子系统涉及的服务要素包括教育理念、政策制度、组织机构；创新创业教学服务子系统涉及的服务要素包括教学课程、教育师资、教学资源、教学方式和考核评价等；创新创业资金服务子系统涉及的服务要素包括融资渠道、覆盖范围以及使用效率等；创新创业平台服务子系统涉及的服务要素包括场所类型、孵化模式以及服务内容等。通过调查大学生创新创业高校服务体系的运行现状，针对这四个维度存在的一些不足之处提出具体的优化建议，旨在全方位培养大学生的创新精神、创新素质、创新能力，因此研究成果具有一定的创新性。

第二章 产教融合背景下高校学生创新创业能力提升的必要性和可行性

第一节 产教融合背景下高校学生创新创业能力提升的必要性

大众创新创业的推进，能有效、大力度地促进我国经济和社会发展。高校大学生作为新一代，创新创业能力的培养工作具有极大的挑战和推动性。深化高等学校创新创业教育，能够极大地发展我国创新创业战略的方针，从而帮助高校大学生成才，提高学生自身素质和质量，提高大学生就业，引导大学生把理论与实践相结合，给迈出校园的大学生带来更多机遇并促进就业。

一、高校大学生创新创业发展是国家经济发展的基础和动力

知识经济时代，国家的综合实力和经济竞争力就体现在创新。当代大学生，是一个国家最新鲜的人力资源和科技资源。思维丰富、具有创新精神的高校大学生，应该是今后许多新兴产业和高科技产业的领头人。高校要加强对学生创业意识和创业精神能力的培养。我国教育体质和传统教育方式的弊端造成高校大部分学生缺乏创业意识和创业精神，所以高校任务艰巨。我国改革开放以来，创业的提出造就了中小企业的飞速发展。创新创业类的中小企业也是中国经济的新增长点，为社会提供了大量的产品和服务。高校大学生创新创业也是建立中小企业的来源，让更多的高校大学生参与到创新创业中，这是提高国力、经济全面增长的有效方法。

二、高校大学生创新创业是解决就业问题的有效办法

当下最严峻的问题就是高校毕业生的就业问题。高校毕业生逐年增加，就业难的问题逐步加大。每年我国整个就业形式都处于饱和的状态。在这种情况下，培养高校大学生创新创业的能力，也是缓解社会就业压力的一种途径。

三、高校大学生创新创业推动社会市场经济

大学生创新创业活动促进了社会经济体制深化改革。大学生创新创业让学生走入了社

会的主流，这有利于社会文化和观念的转变。

四、提倡高校大学生创新创业是高等教育人才培养模式改革的方向

近年来，我国高等教育飞速发展，国内许多高校实行扩招政策。我国目前来看已经成为高等教育规模最大的国家。在这种情况下深化教育改革是必经之路，首先要根据社会经济发展的需求，确立高校人才培养模式和目标，实施创新创业教育，培养创新创业意识和精神，最核心的就是培养大学生的创新创业能力。

第二节 产教融合背景下高校学生
创新创业能力提升的可行性

一、国内大学生创新创业教育的相关政策

"创新创业教育"是 1989 年联合国教科文组织在北京召开的"面向 21 世纪教育国际研讨会"上提出的全新概念，要求把针对创新创业能力的教育提高到与目前学术性和职业性教育同等的地位。中国的创新创业教育始于 20 世纪 90 年代末，因受世界上高技术创新创业热潮的影响，创新创业教育逐步得到重视，1999 年，以团中央、科协、教育部、全国学联等联合举办的全国第一届"挑战杯"大学生创新创业大赛为标志，创新创业的理念开始在我国高校得到重视。2002 年教育部将清华大学等在内的 9 所高校定为创新创业教育试点院校，正式启动我国大学生创新创业活动。随着建设"创新型国家"和"促进以创业带动就业"战略的发展，政府不断出台各种政策支持和鼓励大学生开展创新创业教育活动。2005 年，团中央、全国青联与国际劳工组织合作在华开展 KAB 高校创新创业项目；2009 年，中国高等教育学会创新创业教育分会成立；2010 年，中南大学和创新创业学会联合创办《创新与创业教育》期刊；教育部联合科技部印发关于《高校学生科技创业实习基地认定办法（试行）的通知》；教育部的《关于大力推进高等学校创新创业教育和大学生自主创新创业工作的意见》指出：在高等学校开展创新创业教育，积极鼓励高校学生自主创业。近年来，教育部在每年发布的关于做好普通高等学校毕业生就业工作的通知中不断加强对大学生创业的扶持力度。党的十八大报告中再次强调做好以高校毕业生为重点的青年就业工作，同时各级政府部门根据国家相关精神也出台了相应的鼓励大学生创新创业的政策。

十几年间，我国大学生创新创业的政策模式已从高校自我探索阶段转变为以政府为主导、各高校积极配合发展的阶段；从单一的创业优惠政策转向全方位服务体系；从只传授创业技能转向以创业意识、知识、技能为核心的全面创新创业教育阶段。目前，我国关于大学生创新创业的政策体系已相对完善，主要覆盖创业环境、创业技能、创业风险等方面，具体涉及创新创业教育政策、创业激励政策、科技创业政策、创业财政税收等内容。

二、国内大学生创新创业能力培养的课程

创新创业教育课程体系由所设置课程分工与配合而成，反映在理论课与实践课、基础课与专业课、必修课与选修课之间的比例关系上。大学生创新创业课程体系主要包括创新创业教育的培养目标和课程内容两部分。

（一）创新创业课程建设的培养目标

2003 年，欧盟组织的创业绿皮书将创新创业定义为"在新的或现存组织内利用有效的管理将风险、创造和创新相融合，建立和开发经济活动的思维和过程"。创新发现和利用能够创造价值的机会已成为大家的共识，基于这种共识，创新创业教育应具有以下目标。

首先，对大学生创新创业精神的培养。创新创业精神是指开创性的思想和品质在创新创业者的主观世界中的反映。创新创业精神具有高度的综合性和鲜明的时代特征。综合性是指创新创业精神由创新精神、拼搏精神、进取精神等多种特质精神综合作用而形成；鲜明的时代特征是指在不同时代创新创业精神的物质基础也不相同，创新创业精神的内涵也就不相同。作为创新创业思想的原动力，创新创业精神极大推动了创新创业实践的发展。培养大学生的创新创业精神既是一个隐性目标，又是衡量创新创业成败的关键。1998 年，联合国教科文组织在巴黎召开的世界高等教育会议上强调，创新精神和创业技能应该成为高等教育的基本目标；《关于深化教育改革，全面推进素质教育的决定》提出，培养大学生的创新精神和创新实践能力应该成为高等教育高度重视的问题；美国百森商学院创新创业中心比尔·拜格雷夫教授说，启动一个创业中心是为了帮助学生发展创新创业思维、创新创业意识、进取心、创造力以及将"变化"创造为"商机"的能力；联合国发表的《学会生存》报告中指出："人的创造能力是最能发展并超越人类自身成就的能力"，且这种能力是可以通过后天培养的，是否培养了一代大学生创新创业精神是衡量创新创业教育成败的关键。

其次，培育出创新型人才。我国著名教育家梅贻琦先生曾指出：研究学术和培养人才应当成为办大学的目的。创新创业教育的终极目标是让大学生经过学习后能够成为善于经营企业的企业家，虽然不能保证多数人能够成功创业，但激发他们的创新创业潜能，提高他们解决和分析问题的能力都有助于他们在未来的工作岗位上创新，有利于大批高质量创新创业人才的形成。尽管这个目标很难实现，但符合教育规律和人才成才规律。

第三，协助社会缓解就业压力。我国目前每年的毕业生数量不断上升，社会就业压力不断增大，积极接受时代所提出的挑战是大学的生命力所在，为此，国家相关部门颁布了《关于促进以创业带动就业工作指导意见的通知》，提出以创业带动就业。创新创业教育的实施帮助一部分学生创业成功，不仅解决了自己的就业问题也为社会创造了一些新的就业岗位，减轻了大学生就业难的问题。

第四，创新创业教育成为大学发展的活力源泉。工业革命之后，社会赋予了大学新的职能——服务社会，信息技术革命之后，科学技术成为第一生产力，大学逐渐走出象牙塔

成为"社会轴心"。基于这种时代背景，创新创业教育既要为当下的社会发展提供服务，又要培养"利在当代，功在千秋"的创新创业精神，协调解决科学教育与人文教育之间的矛盾，在眼前利益与长远利益之间做出取舍，真正起到创新创业教育应有的作用。

（二）创新创业的课程内容

显性课程和隐性课程是创新创业课程体系的两大类。前者是指在学校中以直接、明显的方式所开设的课程；后者是指学校情境中以简洁、隐性的方式所呈现的课程。

创新创业实践课程是重要的显性课程，它拥有多层次的内涵。创新创业实践课程是以培养大学生的主观能动性和积极性为目标的自我教育和自主学习模式。在课程中学生能够独立地发现、分析和解决问题，手脑结合、学做合一，构筑起大学生自我教育和自主学习的实践活动序列。要真正体现创新创业教育的意义和价值，创新创业实践课程就必须符合教育发展的规律和大学生身心发展的特点。教师和学生的"双边活动"是创新创业实践课程必须具备的课程内容，对教师和大学生的行为要有内在的规定要求，师生之间用特定的方式相互作用，拥有判断评价教学效果的特定材料和价值观念。

创新创业实践课程的特征如下：第一，能够促进创新创业意识和心理品质的形成，让大学生能够在千变万化的创新创业环中磨炼自己的毅力和品性，在创新创业实践课程中获得成功。第二，促进创新创业基本素质应用系统即创新创业能力的形成，单一的理论知识学习不能自动促进创新创业能力的形成，需在实践中得到磨砺和弥补，创新创业实践课程为创新创业能力的发挥和验证提供了良好的实践平台。第三，落实到教育教学的微观运行中的创新创业实践课程扩大了高校学生的创新创业知识领域和创新创业背景，帮助他们积累创新创业经验，为今后大学生的创业提供知识经验的积累和信息的支持。相关学者根据创新创业实践课程的基本性质和特点分布从课程内容角度、课程性质两个维度构建了创新创业实践课程的模型，将这两个维度进行有机结合，创新创业实践课程设计的主要模型是单项生产操作模拟与实践、综合经营管理模拟与实践、单项社会交往模拟与实践、综合社会交往模拟与实践。

活动课程又被称为经验课程，是显性课程另外一种重要的呈现模式，是为指导大学生获得直接创新创业经验和创新创业信息而设计的一种以活动为中介的创新创业课程形态，不仅打破了学科逻辑组织的界限，也开拓了大学生的视野、丰富了大学生的创新创业知识。活动课程主要培养大学生的认知、情感、动作技能等，而不涉及操作和经营管理，这是它与创新创业实践活动的区别所在。开发活动课程内容要综合多方面的因素，例如高校学生的兴趣爱好，学科知识的巩固、运用与验证以及社会、家庭等诸多因素。课程的开展形式也是多种多样的，例如，创新创业计划大赛、企业参观、商业调查等。与现实生活紧密联系是活动课程的突出特点，使大学生的创造力和创新创业能力得到充分的发挥。具体表现为三方面：第一，活动课程以现实生活为主要源泉，大学生通过亲自体验与创新创业相关的生活实例和实际情景，认识到创新创业知识产生于现实生活中的实际需要和实际问题。第二，把活动课程内容运用到现实生活中，使课程内容与大学生的现实生活和已有的经验联系起来，直接将所学知识运用到解决现实生活问题中，使他们在"做中学"，让大学生深刻地理解所学知识的现实价值和意义。第三，活动课程的开展能够培养大学生的综合能力，获得课本上所没有的知识，有利于他们的全面发展。

隐性课程在学校教育中以间接、内隐方式呈现，是未在课程计划之内的课程，是影响学生身心发展的一切学校文化要素的统称。在实施创新创业教育过程中，校园文化环境的隐性教育功能越来越被教育界人士重视，并将它作为与活动课程并列的新课程。环境课程是隐性课程的重要内容，主要从两方面来开发：自然环境课程和校园文化环境课程。将校园装扮成绚丽多彩的画卷，以使大学生具备创新创业者美好的品格和情感，让大学生的创新创业情操从这里萌发和成长，在社会中得到延伸和升华是自然环境课程的重要宗旨。校园文化环境课程是指大学生在校园中耳濡目染，得到良好的氛围熏陶。师生之间、教师之间的团队协作精神、良好的舆论导向、正确的人生目标、良好的学习氛围等均以特有的形象符号感化着大学生，是潜在的教育力量。与其他教育规章相比，环境课程中教师的创新创业人格魅力是一个重要的教育支撑点，教师积极主动地辐射创新创业情感更能激发和维系大学生的创新创业精神。环境课程中蕴藏着许多潜在的创新创业教育资源，有待进一步开发和完善。

显性课程与隐性课程的有机结合陶冶了大学生的品格和情感，帮助他们养成了良好的创新创业行为习惯，同时大大提高了大学生的创新创业能力。

第三章 产教融合背景下高校学生创新创业能力培养现状

第一节 调查对象的基本情况

伴随着知识经济时代的脚步，培养高素质创新人才已逐渐成为共识，大学生创新创业能力的培养也因此受到重视，但在实践中，大学生创新创新能力的培养还存在种种问题。笔者通过实际调查给予可信的数据分析，从中窥见当下大学生创新创业能力的现实状况，找出高校在培养大学生创新创业能力方面存在的问题，并分析其存在的原因。

1. 调查目的

今天创新创业已经成为现代大学生就业的关键词之一，在社会发展的需要和人自身发展的需求等多重因素共同作用下，部分大学生在毕业之后选择走自主创业之路，这也是一些受过高等教育的年轻人主动承担起时代赋予的使命的表现，社会需要有能力的人才去创业，推动经济发展，并为他人创造更多的就业机会，缓解社会就业难题。

但现代大学生的创新创业能力究竟如何？他们是否做好了自主创业的准备？在创业前有什么样的难题疑问需要通过教育机制进行弥补和解决？基于这些问题，笔者想通过调查，了解当代大学生的创业心理和他们个人的创新创业能力状况，思索如何从高校个性化教育视角出发帮助大学生自主创业。根据问卷调查真实掌握大学生对创新创业的认知和看法后，便可以更好地以其为依据分析现状，厘清其中存在的问题，探索出一些具有针对性的解决方法。

2. 问卷设计

为了了解当前大学生创新创业能力的现实状况，看清其中可能产生的问题，并加以分析研究，帮助大学生更好地自主创业，笔者设计了一份调查问卷——《大学生创新创业能力培养现状调查》。问卷设计了22个题目，其中包括10个单项选择题、10个不定项选择题，以及1个不定项选择排序题和1个建议问答题。题型穿插排列，将问卷中涉及的各方面问题以乱序的方式呈现给被调查者，最大程度地减轻受试者思维的被引导化，以求最真实可靠的调查结果。

问卷主要涉及以下几方面内容：一、大学生对创新创业的兴趣；二、大学生关于创新创业知识的来源；三、大学生创新创业能力的自我认知程度；四、在高校教育环境中大学生能接受创新创业做出的指导与培养内容；五、大学生在创新创业方面存在的困惑及寻求解决的问题。根据以上内容可以比较客观地分析出当前大学生创新创业能力的现状和其中的优势与不足，帮助我们探讨大学生创新创业能力培养的薄弱环节和其诱因，以便更好地找到解决办法，从个性化教育视角出发找到大学生创新创业能力培养的有效路径。

3.实施步骤

设计好调查问卷之后，为了使调查取样具有可信度和广泛性，笔者选择了在校就读的各年级大学本科生为调查对象，包括大一、大二、大三和大四的学生。调查范围以高校密集度较高的西安市为主，也涉及了其他城市。为了使问卷调查能覆盖较多的专业，笔者也有意选择了多种类型的高校进行了调查问卷发放，包括公办高校和民办高校，其中有综合性大学，也有专业性院校。

问卷通过多种形式发放给在校大学生。其中包括：一、以网上邮件形式有目标性地将问卷发放给在校大学生；二、组织人员到校随机发放纸质问卷，同时收集被调查者填写好的问卷；三、联系一些在高校任职的老师，请他们在课后等业余时间，对自己的学生进行问卷调查。调查时间历时两个月，从2022年9月20日起到2022年11月20日为止。

本次问卷调查共发放了700份，收到有效回馈的问卷共计560份，即被调查受众有效人数为560人，笔者最后对通过各种途径回收的有效的调查问卷进行了分类和统计分析，将调查所得的数据按数量、百分比等进行了排序，最终获得了调查研究所需的大学生对创新创业的认知和评价信息。调查问卷内容所反馈的信息，将在下文具体分析展现。

第二节　调查对象的创新创业认知情况

一、问卷调查

当前大学生对于创新创业到底有什么样的认知？是真正有创业的欲望，知道想要什么，目标明确？还是迫于社会就业压力的无奈之举？要了解大学生创新创业能力的现状首先要看清这个问题。

在此次调查过程中，笔者发现大学生对创新创业的话题态度积极，对接受创业相关教育抱有热忱，甚至一部分大学生在在校学习期间已经有过创业尝试，在问及"在校期间是否有过创业经历"时，各个年级的大学生均有一定比例的创业经历，占到调查总人数的19.2%，说明当下的大学生已经开始积极地尝试创业。

被调查者对问卷中"毕业后的打算"一题的回答可以清晰地看出大学生对未来的打算，而且越接近毕业的大学生选择创业的人数越多。很多大学生在经过大学的学习生活和对未来的规划思考后，最终选择在毕业后创业，调查中40人选择了自主创业，270人选择了和他人一同创业，一共占到总人数的36%，大四学生占的比例最大。

当感觉自己缺乏自主创业的能力时，需要走上创业之路的大学生自然会感觉到信心缺失、压力巨大，不相信自己的创业前景，甚至产生迷惘和困惑感。帮助大学生认清创新创业要具备的基本素质可以引导他们对自主创业有更清晰的认知。从他们的角度出发，在"创新创业需要具备哪些能力素质"的问题上，被调查者认为"强烈的挑战精神"和"较好的专业知识"是最重要的，其次是"出色的沟通及交际能力"，最后分别是"良好的社会关系""对市场的认识水平""管理及领导艺术"，以及其他能力。如图3.1：

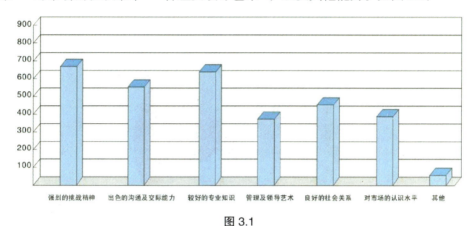

图 3.1

从调查反映出来的情况来看，不论是对自身的创新创业能力，还是对整体创新创业环境的要求上，当前大学生的认知程度参差不齐。部分学生具有创新精神和创新创业动力，目标明确，但也有学生浑浑噩噩，不知为何创业、自己是否具备创新创业的能力，而更多的学生处于迷茫和自我认知不足的状态。

二、大学生创新创业知识的掌握状况

问卷中也反映了大学生掌握创新创业知识的具体情况。在问及创新创业知识的来源时，被调查者进行多项选择，结果如下：选择创新创业知识来源于教师授课的215人/次；选择来源于实践活动加训练的270人/次；选择来源于家庭环境的225人/次；选择来源于同学或朋友的255人/次；选择来源于媒体和社会宣传的最多，为305人/次。可以看出创业知识来源比较平衡，大学生可以通过社会、学校、家庭等各个领域获取创业知识，储备与创业相关的信息基础。数据也说明社会宣传、媒体和实践活动带给大学生的创业知识要多于教师授课和家庭影响，可见在以学业为主要生活内容的大学期间，大学生通过课堂收到创新创业知识相对较少。

当下大学生是否具备创新创业的能力和素质呢？现有的专业方面的知识和技能是否能满足他们创新创业的要求呢？被调查者中17.4%的人认为现有的专业知识和技能可以"满足"他们创新创业的要求，19.8%的人认为"基本能满足"要求，而达到半数也就是50%的人认为这些还"不能满足"他们创新创业的要求，还有12.8%的人"说不清"。

这些都说明，虽然部分大学生具有创新创业意识，也有创业的欲望，但是在创新创业知识的储备上信心不足，使其心存压力，甚至感到前途迷惘，但一些学生对于创新创业需要具备的能力素质有比较客观的认识和见解。他们迫切需要的是高校在创新创业的知识培训、实践活动和能力训练方面多给予他们帮助和指导。

创新创业在部分大学生心中只是一个空洞的想法，付诸实践去汲取更多的相关知识的学生少之又少；而且暴露出大学的创新创业氛围不佳，大学生缺少了解创新创业知识的正确途径。

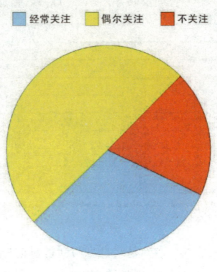

图 3.2

图 3.2 的调查结果表明，事实上只有 30% 的大学生经常关注国家出台的大学生创新创业政策，这个比例要小于毕业后准备创业的人数比例。

大学生对各类创新创业知识的掌握程度直接体现其创业的文化素质。文化素质越高，创业成功的概率就越高。当前大学生对创新创业知识的掌握情况就调查反映出的结果来看，是不容乐观的。比如调查中问及大学生在创业前哪些是他们认为必须做好准备的，六个选项"选择合适的时机实际"、"寻找创业机遇"、"编写创业计划书"、"进行工商注册"、"学习开办小型企业的方法"、"了解向银行借贷的流程"其实都是大学生应该具备的创业知识内容，但是选择全部选项的人并不多，只占到总人数的 37.9%，说明大学生对创业知识掌握得并不全面。

三、大学生创新创业实践技能状况

虽然我们目前处在一个大学生创业环境相对宽松的时代，社会欢迎并支持大学生创业，但从调查中可以看出，大学生普遍对自己的创新创业实践能力缺乏信心，在评价自我创业能力时，大部分人选择了"能力一般"。

敢于在"你认为自己的创业实践技能如何"这个题目后选择"很强"作为答案的人只有 15 个，仅仅只占总人数的 2%，而回答"一般"的人数却高达 69.2%，回答"强"和"较差"的各占 21.5% 和 7.3%。值得注意的是，其中大一的学生几乎很少有人认为自己实践技能"较差"，正好相反，大四的学生少数人选择自己实践能力"很强"。这说明，大一新生对于未来创业的前景抱有一定的希望，相信在经过大学四年的学习，自己的能力会得到提升，这点给予了高校教育在培养学生创新创业能力上的信心。大四学生在这个问题上中庸谨慎的态度可能是缺乏自信的表现，也可能是在即将毕业时还没能得到良好的创新创业实践培养和引导，对创业前景怀揣胆怯，对自己的能力没有把握的真实反映，而这点就更值得我们反思高校教育中对大学生创新创业实践技能培养的缺失。

第三节　学校开设创新创业教育情况

一、创业教育课程目标缺乏明确性

长期以来，受传统应试教育观念的制约，目前在我国高等教育的培养目标中，还是比较重视知识的掌握和技能的训练，强调人才对现实社会环境的被动适应，很少考虑人才对社会环境主动适应的问题，即充分发挥人的主观能动性和创造潜力。创业教育课程的开设可以更广泛地培养大学生的创业意识、创新精神和创造潜力。我国许多高校创业教育课程的目标并不明确，就根据社会形势的变化向学生讲授基本的创业知识，并没有结合实际情况制定明确的创业教育课程目标。创业教育课程在高校中尚未成为完全和课程体系的情况下，首先要明确创业教育课程的目标。高校创业教育课程就应该以培养大学生创业基本素质为主要目标，培养大学生创业意识、创业心理品质和创业能力等实践创业活动所必须具备的能力。

二、创业教育课程内容缺乏丰富性

创业教育课程的内容是以培养大学生的创业基本素质为目标，全面培养大学生各方面的能力，尤其是创新精神和实践能力，建立培养大学生从事创业实践活动所必须具备的意识、心理品质、能力和社会知识结构等的教育体系。我国高校创业课程内容以专业为中心，知识结构体系单一，更新速度慢，学生不能根据需要选择学习内容。目前我国有一部分高校开设了创业课程，但有的高校只开选修课，涉及必修课的相对较少，即使作为必修课程开设的创业教育课程内容也只注重知识的传授，创业实验内容比较缺乏，更现实的一点是目前我国很大一部分高校并没有开设创业课程，创业意识培养、创业知识的建构、创业心理品质的教育、创业能力的培养等几乎都是空白。

三、创业教育课程师资缺乏专业性

创业教育师资是我国整个高校开展创业教育最大的瓶颈，创业教育课程的实施必须要靠专业的创业师资队伍。鉴于创业教育具有较强的实践性，对师资要求相对较高。既要求他们具备一定的理论知识，又要拥有一定的创业经验，但兼备这两种素质的教师在我国高校十分缺乏，且高校尚未有进行培养或引进这类师资的举措。此外，由于目前从事创业教育的教师大多数是在大学担任其他课程教学任务的兼职教师，绝大部分没有接受过专门的创业教育培训，普遍缺乏创业教育意识，也没有创业的亲身经历，而且他们还需要教授其他课程，不可能把全部的精力投入到创业教育工作中去。

四、创业教育教学方式缺乏灵活性

创业本身就具有很强的实践性，必须在创业实践中结合相关创业理论知识得以应用。我国大部分高校受传统教学方式的影响，还是以讲授为主，缺乏合作、探究、研究等现代教学方式的应用。所以，创业教育课程实施过程中也会遇到同样的问题。创业教育教师大部分还会利用与其他学科同样的教学方式，注重向学生传授创业理论知识，忽视学生的应用和实践。大学生在学校所学到的创业理论知识，在现实的实践中没有多少能用得上，其创业教育效率极其低下。

五、创业教育课程教材缺乏本土化

教材是课程的载体，内容丰富、新颖、科学设计的教材会极大地促进课程的有效实施。创业教育对现代的高校来说是一门新生的学科，其课程教材理论基础相当薄弱。虽然，国内有一些关于创业教育方面的教材，但这方面的教材基本上是引进西方国家的创业教育理论或直接翻译的国外教材，有些理论并不符合我国国情。有一些高校自身编制部分创业教育课程教材，但基本上只在本学校或某区域内适用，并没有符合更大区域的教材。在目前情况下，缺乏本土化的创业教育课程教材是一个很大的障碍，急需编制符合我国国情的本土化的创业教育课程教材。

六、创业教育课程评价缺乏系统性

我国创业教育起步较晚，关于创业教育课程的研究也不够深入，随之对创业教育课程评价方面的研究更是甚少。高校创业教育课程的评价也面临同样的问题。创业教育课程评价尚未成为系统的体系，对于创业教育课程的设计和实施都带来严重的影响。可以说，目前大部分创业教育课程是在盲目地进行设计并实施，因为缺乏系统的评价体系无法更科学地检测并修改创业教育课程存在的问题。

第四节　学生对创新创业教育的需求情况

一、高校大学生创业意识的需求

对高校大学生创业意识的需求程度进行实证分析的结果显示，高校大学生对创业意识的整体需求程度较高，为 3.62 分，其中各二级指标中创业动机的需求程度最高为 4.02 分；其次是创业信念的需求程度，为 3.63 分；接下来是对创业兴趣的需求程度，为 3.55 分；最后为创业需要的需求程度为 3.28 分。可看出高校大学生创业意识需求最大的是创业动机。

二、高校大学生创业心理品质的需求

对高校大学生的创业心理品质的需求程度进行实证分析得出，在创业心理品质的需求方面，高校大学生的需求程度普遍较低，其中分值最低的是独立性为 2.19 分，其次是适应性为 2.31 分、克制性为 2.34 分、坚韧性为 2.36 分，需求程度最大的是敢为性为 2.53 分。根据指标我们可看出在创业心理品质上大学生敢为性数值最高，当代大学生有着敢于行动、冒险和勇气；数值最低为独立性，大学生在创业心理上独立思考能力较弱。

三、高校大学生创业知识的需求

对高校大学生的创业知识进行需求程度的实证分析得出，创业知识需求的总体程度为 3.25 分，其中对政策法规知识的需求程度最高为 3.82 分，其次是对工商税务知识、财务管理知识的需求分别为 3.54 分、3.43 分，需求程度相对较低的为战略管理知识为 3.19 分，需求程度最低的为市场营销知识为 2.34 分。

四、高校大学生创业能力的需求

对高校大学生的创业能力进行需求程度的实证分析得出，高校大学生总体创业能力的需求程度为 3.71 分，其中需求程度最高的是应变能力为 4.31 分，其次是组织能力为 4.02 分，专业能力和表现能力紧随其后为 3.92 分和 3.86 分，承受能力是需求程度最少的仅为 3.54 分。

对高校大学生创业教育需求程度的实证分析，我们可以对学生的需求程度从高到底进行排序，依次为创业能力 > 创业意识 > 创业知识 > 创业心理品质。

由此可知，首先，大学生普遍创业兴趣高涨，但缺乏创业信念、需要以及动机等方面的支持。这一现象可能还是由于大学生对于创业并没有全面的认识，大学生对于创业的认知还是停留在较为表面的层次。这也在一定程度上反映了高校在大学创业教育方面存在的不足。

其次，是创业教育内容不够全面。多数的创业教育都还仅仅停留在表面，且创业教育的内容集中于经济、管理方面的知识。在实际调研当中，不少学生反馈出在创业过程中对于政策、金融保险以及战略管理知识方面都有很大的欠缺。造成这一现象可能是在高校开展创业教育的过程中，忽视了学生对于政策、金融保险等方面知识的传授；且授课的老师也多为高校的相关专业老师，自身对于高校创业教育也并没有很深的了解。

最后，在创业能力方面，除了专业能力普遍较强之外，其余方面多存在着一定的不足和改进的空间。这主要是大学生在学校当中接触的相关专业知识机会较多，对于专业知识、技能的掌握水平整体较高。但对创业过程中其他的能力，如领导能力、决策能力以及应变能力等都还缺乏实践锻炼。与之相对应的是高校当中对于创业教育当中实践教育的缺乏。

第四章 产教融合背景下高校学生创新创业能力培养存在的问题及分析

第一节 产教融合背景下高校学生创新创业能力培养存在的问题

目前我国高校在校生有 4000 多万，大学生创新创业不在少数，但是有高校工作研讨会数据表明，大学生创新创业失败率高达 60%。部分大学生有创业之心，但面临一些问题，如创新创业教育缺失、自身素质、现实问题干扰等，这些都可能影响大学生创业成功。例如，在此次调查中，大学生认为"自身素质不够或太低"和"被学业、就业等现实问题干扰"分别占 22%，另外 16.5% 的因素是"缺乏教师指导"，14% 的因素是大学生对于创业"自身不重视"。数据表明大学生创新创业能力还需进一步提高。

一、大学生创新创业意识强化不够

大学生创新创业成功与否，最重要的条件之一就是需要其首先具备创新创业意识，这种意识决定了当代大学生创新创业的自觉性与成功比例。而现实是现代大学生的创新创业意识明显滞后于急需年轻人创新创业的社会现实要求。

大学生创新创业意识强化不够体现在以下方面：首先是创业主动性差，创业带有"被迫"的因素。因为当前就业压力比较大，"找工作难"成为很多应届毕业的大学生迈向社会生活的一道艰难屏障。在这种情况下，一些大学生才将目光投向了创业，在找不到工作的压力下"被迫"选择了自主创业，而不是因为本身热爱创业，并向往创业所带来的成就感和因此得到的理想满足。

其次，大学生对创新创业本身的认识不足。部分大学生认为创新创业就是搞搞经营活动或者参加一些社会实践。创新创业中涉及的相关知识掌握不够，单凭一腔热血与各种的异想天开的创业点子，是远远不足以支撑整个创新创业过程的。

最后，创业意识强化不够还体现在大学生创业期间（在校或毕业）产生的内心矛盾和焦虑现象上。因为就业环境不乐观的原因而选择创业的大学生，往往会在就业与创业之间举棋不定，难下决定。一方面想找一份稳定的工作，一方面又迫于好工作难觅，不得不选择创业，这样难免会陷入既抱有创业成功向往，又害怕担心创业失败的矛盾状态。因为并非一开始就拥有良好的创业心态和积极、完善的前期准备，在缺乏创业意识的前提下进行创业，势必会陷入这种内心苦闷、踌躇的状态，对创业前景没有明确的把握，意志也不够坚定。

二、高校创新创业教育拓展不足

2015 年国务院发布的《关于进一步做好新形势下就业创业工作的意见》中指出，必须着力以创新创业带动就业。国务院办公厅连续发布了关于推进大众创业，万众创新的指导意见和深化高等学校创业创新教育改革的实施意见，明确了高校作为青年创业创新人才培养摇篮的责任，因此如何培养和推动大学生创新创业成为目前高校教育的重要职责。

从高校教育来看，长期以来似乎也在延续分数挂帅的传统，高校的创新创业教育拓展不足。笔者曾对某省 10 所高校通过网络查询的形式就创新创业教育现状进行了调查，调查结果显示全省高校大学生毕业时创业人数不到毕业生人数的 0.4%，10 所高校只有 2 所成立了大学生创新创业指导中心；专门开设大学生创新创业指导或创新创业管理方面课程的高校只有 3 所；举办过有关创新创业专题报告或讲座的高校有 5 所；举办过有关大学生创新创业训练班活动的高校有 4 所；专门建立大学生创新创业网站的高校只有 4 所。这些说明部分高校的创新创业教育起步晚，拓展不足，普及创新创业教育的程度很低，高校教育体制、培养目标、培养内容和形式等还一直延续应试教育的思维习惯和文化氛围。

三、大学教师的创新素质教育指导能力不足

创新创业教育的开展，很关键的一个方面还在于教师对学生的引导。教育就是有教有学，学生在高校受教育的过程就是接受教师引导的过程。既然创新创业教育当下被视为高校教学改革非常重要的创新点，教育要紧随时代要求的步伐，那么引导学生思维开化的主体——教师，正是高校创新创业教育中的关键之一。教师队伍创新素质的高低决定着高校创新创业教育的成果。

从现代高校整体师资力量来看，对传统教育形式得心应手的教师占大多数，而擅长培养学生发挥个性特点和擅长对学生进行创新思维引导的教师在师资队伍中所占比例还是偏低。整体的大学教育观念至少当下还停留在以传统的教育理念为主导的阶段，教师多是在应试教育体质中培养出来的，虽然学术水平整体很高，但是对学生创新意识的引导能力还远远不够。

现在不少高校教师知识结构趋于陈旧，对新鲜事物的理解和掌握能力也不强，甚至很多大学中年纪较长的教师对计算机、智能手机为代表的现代新新事物的掌控力还不及年轻人，这就使许多现代工具不能在其教学和引导学生开发创新的过程中发挥理想的作用。加之高校教师的知识结构专业性强，跨科学、跨领域融通知识的可操作性低，对学生全面开发心智，引导其跨领域进行创新思索均有不利，在一定程度上限制了启迪学生创造性思维的空间。高校要实施创新创业型人才培养战略，师资现状不容乐观。

第二节　产教融合背景下高校学生创新
创业能力培养存在的问题的分析

一、大学生自身因素的影响

虽然部分当代大学生有创业欲望，但是在自我能力方面还存在问题，使其心存压力，甚至感到迷惘。大学生除了迫切需要高校在创新创业的知识培训、实践活动和能力训练方面多给予他们帮助和指导外，还需要认识到自身因素的不足给创新创业带来的问题。下面主要说明在创新创业培养过程中大学生自身因素对其造成的影响。

（一）欠缺社会经验

大学生创新创业常凭一时激情，比较冲动，很多人想法还不够成熟和系统化就着手去做了，不但缺乏沉浮于社会多年之人行事的深思熟虑，还欠缺坚持的韧性。多过于急功近利，想快速创业，迅速盈利，对风险和困难的预估也不足，在遇到挫败时容易气馁，无法领悟到商场之上既要看得到成功也要经得起失败的道理。大学生虽然有一定的专业知识，但是实战经验缺乏，理想主义比较严重，在社会经验欠缺的情况下盲目创业，必定会以失败告终。

（二）容易纸上谈兵

跟普通创业者相比，大学生有着知识方面的优势，但这点却更可能导致他们在创业中纸上谈兵。纸上谈兵会让大学生出现创业设想大而无当，市场预测过于乐观、欠缺合理性等问题。现在有许多创业大学生试图用一两个新奇的创业观点来吸引投资完成创业，但投资人往往看重的是创业计划中真正的技术含量和能达到的市场盈利程度。市场调研、制订周密可行的实施计划等正是刚出校门的大学生创业中比较薄弱的环节。创业设想过于空泛难落到实处，就显得创业者眼高手低、好高骛远，以为有一个创新创业的设想，就可以借此走上人生的巅峰，显然不切实际。

（三）缺少创业的决心

部分大学生创业并没有足够的信心和决心，有相当一部分人并不是真心希望通过创业实现理想，而是迫于越来越严重的社会就业压力。在找不到工作或是没有办法继续深造学习的情况下，才会考虑创业，一旦遇到较好的工作机会，随时都可能放弃创业。这种带有被迫意味的创业举动必定会增加大学生创业的失败率。

（四）创业热情来得快，走得也快，没有长远的创业规划

空有创新创业热情，却很难持续是现在大学生创业的通病。有些创业者往往刚迸发出一个创新点子时就一股脑儿地投入创业了，问题考虑不全面，更没有做认真的市场调研和长远的创业规划。遇到实际挑战和困难，就很容易泄气和退缩，创业热情很快会被现实问题浇灭。

二、应试教育负面的影响

应试教育是为了考试和升学而抛弃学生的个性思想、想象力与创造力提升与培养的教育方式。这样的教育必然、事实上也的确造成了如下诸多问题：

（一）泯灭学生的个性，使学生逐渐丧失了追求知识的兴趣，甚至产生了厌学的情绪

每个人的生长、学习和生活环境都不相同，因此所形成的性格、心态、爱好、兴趣也大相径庭。在高等教育阶段及未来的职业生涯中所选择的专业、职业是否是他感兴趣，是否能够发挥他最大的潜能、最大的创造力，这些都需要时间去试验、碰撞、选择之后才有可能挖掘出来。在学校里是师道尊严，教师具有相对的权威性不容置疑，使师生共处于支配与被支配的关系中，使个体在按部就班的教育体系中慢慢泯灭了自己的个性，更为甚者，导致相当一部分学生产生厌学情绪，对上课、考试都是应付了事，更盼着周末，盼着下课、放学、休假。如此下去，自然就很难静下心来去钻研科学知识，进而去思考如何利用知识的武器在创新创业的道路上做出成绩。

（二）思维能力不强

传统的应试教育，由于教师只要求学生对需要掌握的东西死记硬背，忽略对学生逻辑思维能力的培养，学生往往形象思维能力比较强，不喜欢抽象逻辑思维，逐渐地，学生的理解能力差，思维能力不强，脑子死板不灵活。这就造成了传统应试教育培养出来的人才缺乏创新所必不可少的理论思维能力的问题。

（三）知识面窄

创新创业型人才必须有多方面的知识，而传统应试教育造成的另一个后果就是培养出来的人才知识面过窄。在片面追求升学率的思想指引下，从小学到中学，从开学到放假，从课内到课外，学生被各种作业、辅导、补习、兴趣班压得喘不过气来，而且还是通过死记硬背得来的，并未真正理解消化，时间一长也就忘得差不多了。

三、高校创新创业环境氛围的影响

高校创新创业能力的培养需要良好的创新创业环境氛围，这点至关重要。高校文化中创新意识、创业热情、冒险意识、团队合作精神的氛围不强，领导和管理人员由于怕负责任，在管理大学生的过程中，在组织大学生活动时，不敢鼓励大学生勇于创新、大胆实践，往往成为大学生的"保姆"。

　　受到应试教育和传统教学评价体系的深刻影响，高校教师和学生在创新创业能力培养方面所投入的精力也显得过少甚至不足。一般高校甚至没有专门固定教师力量来指导大学生的创业实践活动，而其他专业教师的精力又很难过多地分摊到指导学生创新创业培养上来，导致高校就算建有创新创业基地，也基本是学生创业实践培训过程处于放任自流的状态。创新指导工作不够，学生创造力得不到很好的引导，创业能力当然无法有效提高。在这种情况下，学生本身对创新创业的兴趣也会逐渐消减，高校更难以形成良好的创新创业环境氛围。

　　大学生毕竟是未真正经过社会磨砺的年轻群体，虽然不乏有能力较强的人存在，也可以处理好学业与创业之间的平衡点，但大学生不能忽视学业基础和能力训练，在校学习期间还是应该打好创业的能力基础，正确引导他们的发展道路，鼓励其在毕业之后真正开始良性创业，才是高校对其应负的责任。

第五章　提升策略之一：优化高校服务体系

第一节　大学生创新创业高校服务体系
的运行成就和不足之处

基于问卷调查和深入访谈等相关实证研究，本节从创新创业管理、创新创业教学、创新创业资金与创新创业平台四个维度梳理高校提供的双创服务的现有成就，探析该体系在运转过程中存在的问题。

一、大学生创新创业高校服务体系的运行成就

（一）创新创业管理服务的现有成就

管理理念时代化，引导科学模式构建创新创业管理理念为双创教育实践工作的开展指明了方向，是打破高等教育瓶颈、实现素质教育与创新创业教育有效融合的方法论基础和观念性指引。部分高校在专业教育的基础上融合本校办学特色面向全体大学生积极构建科学合理、迎合时代特征的新型创新创业教育理念，并以此作为高等教育综合改革攻坚阶段的突破口。通过整理访谈文本得知，国内高校的创新创业管理理念主要分为三类：第一类是在"创新""创业"中加入"创造"使三者相互融合的"三创教育"理念。如清华大学在对三创教育的内涵逻辑进一步诠释深化的基础上将"创意"替代"创造"。第二类是专业教育与创新创业实践教育相结合的理念。北京大学坚持在专业教育的基础上对学生进行交叉教育培养，基于不同专业特点在创新创业实践中加深对专业理论知识的消化吸收。第三类是全面式教育与精准式教育相结合的教育理念，既面向全体学生开展普惠式教育以实现系统化培养模式，又从群体中选拔出具有较高创新创业潜质、创业意愿强烈的学生作为种子选手进行小规模精准教育。南京航空航天大学就是在进行广谱式创新创业教育的基础上创造性地形成了"未来精英培训工程"的创新创业尖子学生教育理念。

1.政策制度趋于完善，满足管理日常需要

创新创业管理服务系统中的政策和制度要素是有效保证创新创业教学、资金和平台服务系统的服务质量和有序运行的基础。在当前的双创背景下，我国本科高校积极响应教育部和各级政府的号召，在积极宣传并执行国家政策的前提下加快完善与本校发展实际相结合的双创人才培养、管理及保障制度的构建。武汉大学在开展"三创教育"活动时基于规

范合理、严谨科学的要求分别制定了《武汉大学深化高等学校创新创业教育改革的实施方案》等规章条例，此外按照各项针对创新创业竞赛的奖励政策办法确保活动开展有所依据、按章办事。西安交通大学制定了特色"课外8学分"实施办法规定本科生在课外报告、实践活动以及讲座培训等方面的要求。

2. 管理机构及时设立，便利有关工作开展

创新创业教育工作的顺利实施以及覆盖范围广、层次清晰的服务体系的构建离不开高校各管理机构的团结协作与有序配合。我国大部分高校能够把创新创业教育改革放在学校发展的突出战略位置，依据国家的政策要求进一步积极落实明确责任主体、加强各机构的指导管理、进行机构重组完善工作。一部分高校逐步成立了由校领导牵头、各参与创新创业管理机构协调配合的联动体系，主要类型包括创新创业领导小组主导、各管理部门联合共抓以及由创新创业教育专职机构负责三种。访谈中，东南大学一位负责学生工作部的教师说："咱们学校的双创工作是由教育部门负责双创教育教学工作的落实，团委部门主要抓创新创业竞赛的召开，科技部门集中进行创新创业项目孵化，遇到重大事项的时候各个部门之间形成合力共同商量着决定。"东北大学的管理机构设是校长担任组长，由教务部、资产部、财务部、科技部、学生处、人事处等部门担任成员的双创教育领导小组。西安电子科技大学的创新创业管理则是由校团委、教务处以及学工处负责实施，形成了双创素质教育与实践教育独立运行、教管结合的特色管理形式。

（二）创新创业教学服务的现有成就

1. 课程开设立体化，学生认知程度较高

创新创业课程在提升高校打造双创素质教育、有效提升育人质量的方面起到了重要的支撑作用，虽然目前我国创新创业课程设置仍然处于探索阶段，但在尝试将创新创业教学内容与学科专业和社会实践进行融合。一些高校根据专业特色和学科优势贯彻落实教育科学化、选修必修相结合的原则主要面向学生开设通识类、专业式以及融入式三种类型的课程。如华中科技大学开设"创业概论""创业商业计划""创新创业基础"等选修课。北京航空航天大学开设了一门由经管学院教师主讲的"经济管理"必修课并要求本校除了5个文科院系的学生外、其他理工科学生均必修该门课程，此外还开设了创新创业战略管理、财务管理、法律支持、风险防范等选修课程。专业课程一般是面向经管学院和商业学院或在学校专门开设的创新创业试点班进行授课。南京财经大学面向全校学生选拔出一批具有强烈创新创业意愿的学生开设试点班，课程内容在不与学生原专业冲突的前提下设置创新创业核心专业课对学生进行培训。融入式课程的设计思路在于将创新创业理念与专业学科特色进行融合教学，中山大学、东南大学、西北工业大学等都开设了结合专业特色的创新创业类课程，总体来说这类课程的设置虽然较少但基于其易于学生消化吸收的特点在创新创业课程体系中仍占有重要地位。

2. 师资专兼结合，构成教育合力

创新创业师资是承担传播创新创业知识、开展教学活动的关键主体。目前双创教师呈

现出专兼结合、校内专职教师与校外企业导师并行的"三师型"师资队伍特征。校内专职创新创业教师大部分来自于经管学院、法学院、商学院等，兼职教师为学院党政机关干部、辅导员以及学工处的行政管理人员，此外高校积极聘请校外优秀的投资者、企业家校友、社会专家等兼任创新创业教师。访谈中，一位中山大学创业学院的导师说："我们学校负责双创的导师有工商管理学科背景的专职教师、其他学院的专业教师，还包括校外创业人士兼职教师。"访谈中发现，各高校的双创师资虽然在来源上大同小异，但在个体结构上又别具一格，有的是专兼结合以专为主例如南京财经大学，有的是专兼结合以兼为主例如东北大学、华中农业大学，还有大量聘请校外人士作为兼职教师负责课程讲授的高校例如清华大学、西北工业大学等。

3. 教学方式多样化，提升学生积极性

创新创业的实践导向决定了如果按照传统的专业教育以课堂理论讲授为主的教学方式对学生进行培养，会降低教学的效率效果和学生参与课堂的积极性。目前部分高校利用互联网技术积极探索创新创业教学方法，在遵循人才成长规律和教育规律的基础上创新教学方式以提高育人水平，在传授必要课堂理论知识的同时积极引入学生小组讨论、情境参与体验、师生问答等教学方式，由教师讲授主导转变为学生参与体验主导，由知识灌输主导转变为技能锻炼主导，弥补了传统专业教育"大水漫灌"式的教学弊端，有利于培养学生的自主能动性。访谈中，黑龙江大学经管学院负责双创课程的一位教授说："我们学校在创新创业课堂中就引入了这种实践导向的教学方式，通过师生互动来打破枯燥的授课方式，我们带着学生参与模拟创新创业游戏、进行案例再现，让学生亲身体会实践过程，在愉快的氛围中积累创新创业经验方法。"

此外，除了传统的大班额授课方式，部分高校创新性地开设小班进行创业教学，将课堂中心由教师转移到学生身上，学生数量的减少使教师能够更加关注到每位学生的参与状况与吸收状态，有利于学生个性化创新创业技能的培养，南京大学就进行了这种小班额教学，打破学生年级专业的限制开放性地进行授课，同时采用了研讨、案例与讲授相结合等多种教学方式。

4. 考核评价系统化，保证工作开展合理性

创新创业教学实施成效的好坏需要根据对学生的考核评价加以判定，面对当前复杂多维的教育教学改革现状，如何建立既能彰显学生个性又不失人性化的科学、全面、合理的考评方式，不再将卷面分数作为评判的唯一标准，切实提升教学内在价值和水平成为高校亟待思考和探索的重要课题。清华大学在创新创业教学考核方式上采用了等级制，将学生的课业表现以及学习效果划分为 A、B、C、D 四个等级，每个等级层又分为等级＋、等级原级以及等级－，教师可以任选百分制和等级制将学生成绩录入教务系统，但系统会自动识别百分制成绩并转化成对应等级。此外，高校对于学生的成绩判定只给出参考建议，赋予授课教师根据课程内容和实际情况自行决定实施细则和判定标准的权力，校内教务部门只负责对最终考核结果的监督。

（三）创新创业资金服务的现有成就

1.积极拓展融资渠道，支持额度相对充沛

创新创业资金是高校开展创新创业教育和实践、实现创新人才培养目标的重要经费保障，主要包括满足校内创新创业管理、教学、平台日常运行的人力报酬、场地费用、资产使用费用等以及为创新创业实践提供的经费、发展追加资金等各项投资。目前，我国大部分高校设有依托教育部和各级政府财政拨款的大学生创新创业专项资金作为提供各项服务的主要资金来源，此外，部分高校还积极拓展包括政府种子基金、师生创新创业成果转化、基金扶持项目回收经费等校内自筹资金渠道以及校友捐赠、企业家投资、风投资金、银行贷款、社会众筹等在内的各类社会融资渠道。上海交通大学的一位负责创新创业的教师在访谈中提道："学校的资金来源包括国家划拨的项目费用、上海市地方政府捐赠的扶持资金、社会企业对双创竞赛活动的广告赞助以及交大校友的无偿捐款四条途径。"

北京大学创业学院的老师在访谈中说："北大为开展大学生创业成才计划提供了200万专项经费支持，同时区域政府也提供了2000万资助，另外还有优秀的企业家校友成立两项创新创业天使基金并提供初募资金来鼓励学生参与实践。"

不可否认，目前我国高校与社会企业建立的战略合作资金联系依然较少，社会融资依然有较大空间等待发掘，大部分学校创新创业资金的主要来源还是通过各级政府提供并设立专项资金投入双创教育。

2.遵循差异性原则，资金使用合理性较高

如何科学合理地分配资金、扩大资金覆盖范围和支持力度、最大限度地发挥创新创业资金的教育、激励、扶持和引导的功能是高校双创教育改革面临的一大难题。通过整理访谈文本发现，在创新创业资金的资助对象上，各高校在遵循教育部相关政策要求的基础上对学生的年级情况、个人素质能力、团队成员数量、实践活动性质、经费使用范围等做出了具体规定，通常以创新创业训练计划、创新创业竞赛、大学生自主创业等项目的形式给予资助。大部分高校面对全校学生以及毕业年限在规定范围内的学生进行公开选拔、立项活动。在创新创业资金的资助力度上，各高校给予的资金数额不等，通常根据项目的层次水平、项目负责教师的职称情况、竞赛成果的等级名次由高到低逐级递减，支持额度总体上可以完全支撑项目整个流程的较好运转，但处于较后等级的项目得到的资金额度与最高可获得的资金额度相比差距较大。高校在项目资金支持比例上也有一定规定，要求项目参与团队必须拿出一部分自筹资金用于实践支出，该比例为30%到50%不等。

3.流程日益规范化，资金使用效率提高

由于没有收入和积蓄，高校提供的创新创业资金是校内进行创新创业实践的大学生重要的经费来源，而资金的使用效率是决定创新创业教育开展实效好坏的重要影响因素，主要体现在资金的审批程序、注资方式和退出方式三个方面。在审批程序上，部分高校首先需要符合创新创业资助条件的大学生提供项目资金申请表、项目计划书、PPT、学生个人身份证明证件、项目支撑材料复印件以及与项目有关的其他参考资料等，由学校组织评审专业小组进行项目初审、举办项目汇报答辩并形成书面评审意见，最后由学校负责创新创业工作的行政机构进行审批、确认项目是否合格并予以公示。目前我国高校主要通过无偿资助与无息借款的方式为项目注入资金，但通常会分阶段进行划拨，中国矿业大学的一位参加大创项目的同学说："大项目立项时可以从学校那儿先拿到35%的启动资金，通过中期考核后，团队就能拿到50%经费，等到最后通过专家组的验收后，学校把剩下15%的资金给我们。"

在创新创业实践过程中部分高校会组织专家评审团对项目开展情况以及资金投入情况实施综合评估和指导工作，以便在出现项目考核不通过或初创企业运营面临较大问题时停止注入资金，在初创企业运转良好进入成熟阶段时及时退出资金。

（四）创新创业平台服务的现有成就

1. 丰富场所种类，拓宽实践开展空间

创新创业实践平台的建设是丰富创新创业教育内涵、健全创新创业教育体系、强化创新创业实践属性、发挥创新创业教育功能的最重要途径。一些高校建设了目标导向、主题导向、专业导向以及复合型等种类丰富、形式各异的创新创业实践平台。这些实践平台改善了大学生的创新创业环境，对于激发学生的实践热情，促进创新成果的实现具有重要意义，在类型上主要分为三类：

一是以科研为主题、将重心放在产学研结合上的科技型实践平台，例如大学生科技园、仿真科技实验室等。访谈中，北京交通大学的一位教务处的老师说道："学校给参加双创实践的大学生免费开放了14个实验教学展示平台和部分科研专用实验室，还投资建设了面积约一千平方米的大学生双创活动中心作为训练计划项目的实践场所。"

二是以培养学生创新技能为目标的参与体验式模拟实训类平台，例如模拟创业实践园、创新创业教育体验中心等。这类实践平台为学生参与创新创业活动、在模拟训练中感悟体会创新创业的实际过程、磨炼意志品格提供了重要平台。

三是为大学生提供创业训练、创业咨询服务、创业项目孵化、实习服务等一条龙服务的孵化型实践平台，例如大学生创业孵化园、创业中心、大学科技园等。上海交通大学与当地政府、房产公司合作共建了"零号湾——全球创新创业集聚区"。

大学生初创微小企业孵化器在免租比例、面积大小以及时间上都有明确优惠政策且经过市场评估，大学生甚至可享受"零成本"入驻，还有专业创投导师团以及战略决策咨询委员会提供智囊支撑。

2. 整合多重资源，创新平台构成类型

为了实现创新创业理论与实践的有效结合，合理弥补并拓展教学第一课堂在教育范围上的限制，各高校依托创新创业实践园、孵化基地、实验室、大学生科技园等场所积极开展双创计划项目、社团组织活动、创新创业竞赛等一系列活动，组织带领学生进行企业参观、市场调研、项目设计、实习训练。这些实践平台有效拓宽了创新创业教学渠道，发散了学生的创新思维，其孵化活动主要包括以下四种模式：第一，创新创业意识启发，即通

过邀请专家开设讲座、进行师生头脑风暴、创办主题沙龙、建立兴趣社团等活动宣传创新创业政策、激发学生的创新创业意识与热情。第二，创新创业模拟实训，即通过模拟实验让学生在实践中培养问题意识、发明创造能力与动手解决能力。大连理工大学提供全开放式创新创业实验室便于学生进行数学模型、机电基础、ACM、智能传感与人机交互、嵌入式软件的模拟操作。南京财经大学在校内通过公开选拔形式挑选一批创新创业精英学院组成创新创业实验试点班集中进行实践训练。第三，创新创业竞赛项目，通过举办双创计划大赛等第二课堂内容深化学生的实践认知，激发他们参与创新创业的活力。清华大学结合学生专业特色开展企业管理模拟竞赛、机械创新计划大赛、数学建模竞赛等，该校推出的创业社会公益实践赛突破了传统创新创业竞赛的经济效益价值取向，重在培养学生的社会责任感与服务市场的意识，有效拓宽了双创竞赛的素质教育培养内涵。第四，创新创业实习，企业的实习锻炼让学生感受企业日常运作的实际情况。上海交通大学与江苏境内一些城市及上海本地的矿业企业联合建立实践基地，与宝钢、联合利华等公司签订联合培养协议为学生提供企业实习机会共同培养创新创业人才并进行成果孵化。第五，自主创新创业，即为学生自主进行创业活动提供一系列的扶持孵化服务，孕育企业的诞生。

二、大学生创新创业高校服务体系的不足之处

（一）创新创业管理服务的不足之处

1.部分高校理念滞后，认知定位有失偏颇

虽然现阶段国内高校在创新创业教育理念探索上取得了一定进展，结合创新创业教育发展现状和学校办学实际情况初步形成了较为系统的指导理念，但部分高校依然不能做到紧跟时代特征，存在教育理念片面化、简单化与功利化的现象。整理访谈文本发现，一些高校的管理人员表示学校的高层领导将双创实践看作缓解大学生就业压力的无奈之举，认为双创教育工作只不过是学校部分行政部门如学工处、招就处、教务处在为大学生走向社会提供的岗前培训工作，并未把创新创业教育融入学校发展的长期战略规划。这种片面的教育理念极其不利于我国双创服务体系的建设。部分高校沿袭了传统高等教育的培养理念，在进行创新创业教育的重心依然是传授书本知识和实务技巧，而对于学生创新精神、素质的培养依然没有下足功夫，未能在突出实践导向的基础上将创新创业教育与专业教育、理论基础与实践锻炼有机结合。此外，还有部分带有功利色彩的教育理念将开展创新创业教育作为增加学校知名度、提高学校竞争力的筹码，忽视了高校作为社会的重要智力支持主体所提供的人才培养和社会服务功能。

2.制度依然有待完善，教育资源

存在浪费当前，大部分高校都建立了相应的政策制度作为高校创新创业服务体系正常运转的保证，访谈中，江南大学的一位学生说道："学校在创新创业活动的成绩转化办法中只规定了参与竞赛项目并获奖的同学可以获取专业课程免修的机会，但对于参与竞赛却没能拿到名次的学生只给予创新学分认定而没有其他鼓励办法。"这体现了创新创业制度

在激励内容制定上的缺陷。此外，高校对于政府以及学校颁布的创新创业政策通常只是公布在学校官网首页或通过印发宣传册、公众号推送的形式进行宣传，但通过线下讲座、沙龙、报告会等进行定期、系统的宣传形式依然缺乏，部分高校也没有向学生提供针对政策的具体内涵和适用情况的详细解读，导致学生对于这些政策制度的详细规定依然处于一知半解的状态。创新创业政策制度执行不力的情况依然存在，由于烦琐的审批程序与信息渠道不通畅，很多大学生并未享受到原本可以享受的政策待遇，造成教育资源的浪费。

3.专设统筹机构尚未完全建立，权责划分依然模糊

尽管一些在创新创业教育工作上取得较大实效、走在发展前列的高校已经在创新创业管理机构设置上进行了领导小组主导、多个行政部门协调配合联动管理的有益探索，但依然有高校尚未设立专门负责创新创业事务的机构，存在机构设置结构单一、人员不足的问题。湖南大学金融与统计学院的老师说道："其实现在部分高校即使设立了创新创业学院，也只是名义上的虚拟机构，并不具有独立完备提供各项创新创业服务的功能，在面对创新创业事务时依然要把各项任务分配给具体的各个行政部门进行协同处理。"而单一的行政部门在面临复杂繁重的综合事务往往因职权不足、功能有限而降低创新创业教育工作推进的效率。由于人员素质水平、工作态度以及对创新创业教育工作的理解存在差异，在没有领导机构牵头负责的情况下，各创新创业管理机构在遇到问题时甚至会出现权责不清、推诿扯皮的状况。此外，参加创新创业实践的大学生在遇到瓶颈需要交流分享经验、进行相关咨询时，由于得不到专设机构的指导和帮助，常常陷入迷茫。

（二）创新创业教学服务的不足之处

1.教学课程开设水平偏低，难以实现既定目标

虽然我国大部分高校在创新创业教学课程设置上采用必修与选修相结合的灵活方式，同时引入慕课等优秀的在线课程资源供学生选择学习，积极拓展创新创业课程与专业有效结合的模式，但目前依然存在一些问题。

首先，通识类创新创业课程同质化严重。我国高校开设的基础类课程在类型、内容、结构上存在很高的相似性，缺少结合本校双创教育培养特色、针对受众自身实际情况而设计的个性化课程。

其次，创新创业课程与专业课程的融合度依然较低。当前一些高校并没有结合学生所学专业学科特点开设与其专业相关的创新创业课程，也没有探索出在专业课程中嵌入创新创业知识的有效方式，导致专业知识与创新创业知识无法有机结合而出现割裂的现象，不利于学生的消化吸收。最后，实践类课程的开设依然不足。

2.师资队伍数量不足，教学能力良莠不齐

为了进一步推动高校创新创业教育的落地实施，教育部每年都会培养一些创新创业骨干教师作为传播知识、培养学生创新创业技能的有力载体。当前我国高校负责创新创业的教师数量与庞大的学生规模、教学指导需求相比仍有较大缺口。部分高校为弥补双创师资的不足聘用校内行政管理人员和优秀企业家校友、专业领域人员担任兼职教师，在一定程

度上满足了课程教学的需求，但兼职教师在学术水平和科研能力上与正式教师仍有差距。没有统一的聘用标准、流动性较大以及缺乏相应的培训考核等兼职教师存在的劣势也会因职能错位而影响教育教学效果。此外，我国高校双创师资在实践经验上仍有较大提升空间，创新创业教育的实践导向决定了指导教师在拥有较高理论知识储备和学术能力的同时要有一定的创新创业实战经验、创办企业的经历或背景，而当前还存在一些高校内的专职教师对于企业经营和运作管理的了解仅仅停留在理论层面，缺乏相应的实际经验，以书本为主导的传授方式无法向学生提供全面系统的指导帮助。

3.教材编写工作落后，教辅资源依然匮乏

作为创新创业服务体系的重要一环和必要资源，紧跟时代前沿的丰富教材是提高创新创业服务效果的有效保障。对比国外同类课程、国内专业课程、其他高校同类课程，目前部分高校为创新创业教学提供的教材质量和数量依然匮乏。当前我国高校在教材编写方面与国外高校一些著名高校仍有较大差距，创新创业教材呈现数量不足、编撰层次不高、与教学实际需求结合不紧密的特点。访谈发现，一些高校并未自主开展双创教材的编写工作，甚至都没有将教材的编写提上日程，课堂上所用的教材多以教育部牵头编写的《大学生创业基础与实训教程》或经管类专业课程的课本为主，部分高校学生只能参照教师编写的讲义进行课程学习。同质化、通识化的教材无法满足师生的需求。此外，基于创新创业教育在国内推行不久，整个体系尚未完全建立，和国内的专业课程教材相比，创新创业教学书面资源依然欠缺，现存的教材质量和国内其他学科相比存在一定差距。国内不同高校之间相关教材数量和质量也存在较大差距。一般层次的院校在创新创业专家资源、教材数量、质量方面相较于层次高的院校存在较大的差距。

4.部分高校教学方式时代气息不足，育人实效性不高

虽然部分高校在创新创业教学方式上主动进行了革新，注重课堂中的师生互动环节，尽最大努力让学生参与到课堂中以实现课程中心由教师向学生的转移，但依然存在一些高校进行教学课程时仍停留在以黑板、粉笔为主或PPT演示播放的传统教学方式上，此种单一枯燥的教学演示方法明显不符合当今信息化智能化飞速发展的时代特征，在一定程度上会降低学生参与创新创业研究的热情和积极性。西北工业大学的同学说道："虽然在创新创业课上老师也比较注重和学生互动，设置一些抢答环节和趣味小游戏，但由于课程的时长限制，并不是每节课都能进行的，真希望类似的方式能够出现在所有课堂中。"

也有一些高校将高科技例如人工智能、VR虚拟现实技术引入课堂教学中，但此种教学方式目前尚在试点阶段并没有在高校中普及，且由于传统教学惯性的影响，需要给予教师和学生一定的缓冲适应时间以验证此种教学方式的科学性和实用性。

（三）创新创业资金服务的不足之处

1.融资渠道依然较窄，"血液"供给风险尚存

资金对于大学生双创实践而言，它是其实现良好、持续性发展的重要"血液"。访谈中发现，我国高校创新创业资金的主要来源渠道依然是国家以及各级政府部门划拨的创新

创业教育经费、财政补贴，大部分高校与社会上的风投机构、银行、金融公司等筹资机构之间的交流合作依然较少，与社会上的优秀企业家、精英校友等联系不够密切，缺乏通过产、学、研结构模式与外部资本市场建立项目战略合作以获得经费支持的尝试，也缺乏将校内师生的智力成果进行资金转化的固定渠道。融资渠道不足导致高校在开展创新创业教育工作时由于资金额度的限制不得不在各个环节上缩减资金的分配使用，创新创业管理、教学、孵化活动因得不到充沛的资金支持而运转艰难，降低育人实效性。

2.覆盖范围仍然有限，无法满足全部实践主体需要

由于创新创业资金数额总量的限制，大部分高校在资助对象上并不是全员覆盖，而是会"择优选择"，部分高校甚至对资助的学生年级有所限制，只允许大二及以上的学生参与大创项目活动，并且只有成功通过选拔获得国家级或者项目立项机会的学生才会给予资金支持，而对于落选的同学高校通常不会单独成立校级或院级项目对其进行资助。此外，一位江西财经大学的学生在访谈中表示："并不是我们不想参加，而是文科能获得大创立项的可能性比理工科小太多了，他们可以做实验，有了数据的话很容易出成果，学校也是希望资金注入后能得到回报。"

可以看出，高校在创新创业资助对象上更加偏向于拥有一定的技术背景、实践应用性较强的理工专业学生，这类学生的项目往往由于科技含量高、易产出创新创业成果而得到学校的重点关注和支持，而人文社科类学生却在创新创业实践中频频遇冷，因得不到立项机会和资金支持不得已放弃实践。一位宁波大学创新社团的学生说："用来办社团活动的经费大部分是我们团员自筹的，有时候社长会组织外联项目拉一拉赞助，学校没给什么补助。"这体现了在创新创业资助过程中对于各类社团组织提供的资金支持力度仍然有待加强。

3.部分高校资金使用效率不高，难以及时发挥关键作用

线上访谈中，一位参加过"挑战杯"创新创业大赛的同学说："去年参加竞赛报的账，到现在还没给我们批下来，还有奖金也是，一直没发下来，咨询了以前参加过竞赛的学长学姐，他们说之前也是这样，我们也不好意思去催学校，只能一直等着。"可见，高校在创新创业资金的拨付及使用的全过程依然存在着环节堵塞的情况。尽管国家和学校提出多项优惠政策和支持资金鼓励大学生进行创新创业活动，但现实操作中的行政审批手续较为烦琐。自提交申请直至最后审批需多层部门审核。部分高校创新创业保障程序上缺少专职管理报账服务的人员致使审批时间耗费过长。这往往会导致创业者因无法获得及时的流动资金而中途放弃，从而造成项目夭折或部分人才流失，影响学生的创业效率。

（四）创新创业平台服务的不足之处

1.部分高校场所类型单一，空间提供狭窄

我国大部分高校在创新创业体验、实训以及孵化类场所方面的建设已经取得初步进展，为双创实践提供了场所保障。然而针对各高校创新创业场所建立情况的数据调查显示，在线上访谈中发现仍然存在部分高校创新创业平台建设水平较为滞后，仅仅为学生提

供大学生科技园与部分专业实验室作为参加项目训练、开展竞赛以及自主创业的活动场地，此外，线上访谈中还有学生表示，由于学校提供的校内创业园区空间比较有限，该校每年能够入驻的项目团队都是优中选优，数量占团队总数不足十分之一，导致很多富有创意且具有一定商业价值潜力的创新创业项目被搁置。单一的场所类型与空间的限制无法满足学生参加多种实践活动的现实需求，在影响创新创业教育效果的同时也降低了学生们在实践中锻炼自我的热情。

2. 孵化方式领域差异明显，活动氛围不够浓厚

当前我国高校依托创新创业场所为学生提供了以创新创业意识启发、模拟、实训、竞赛项目以及企业实习为主的孵化活动，针对学生个人创新创业素质潜力、兴趣特长以及就业目标进行针对式的训练，然而目前依然存在创新创业实践活动参与度不高的问题。重点高校（"双一流"高校）参加实践的学生比例约为普通高校的1.2倍，说明重点高校对于学生创新创业平台活动开展成效上要高于普通高校。此外，理工类专业的创新创业实践活动参与度总体优于文科类专业，理工科学生参加创新创业实践的被调查对象占比为66.67%，文科学生中该部分被调查对象占比为37.50%。在访谈中发现，理工科学生参加创新创业实践最多的专业集中在计算机、机械、材料领域，凭借着较强的专业技术背景，相较于文科生更容易接触到科技含量较高的项目，该类项目往往具有较强的应用性和商业潜力，容易转化为创新成果，他们也更倾向于在创新创业实践中锻炼自己的专业技术能力。而文科生由于专业性质缺乏技术背景的支撑，在高科技型实践项目中有所限制，因而选择在产品、服务和经营理念、模式上进行创新的技术门槛较低的服务类创业项目较多。此外，参加创新创业实践的文科专业集中在应用型专业如经管、法律类等，而应用性不强、与市场较难结合的专业如艺术学、心理学则占比较低。

3. 服务内容不够全面，综合支持度依然偏低

一位正在参加大学生创新创业计划项目的同学在访谈中提道："这个项目大部分的时候只能我们自己去摸索，遇到问题也只能自己想办法解决，老师基本上都是挂名的，他们比较忙，给我们的指导很少，或者就是大概给我们指挥一下。"

尽管许多高校为了充分激发大学生的创新创业意识、在实践中更好地发挥育人成效，在创新创业实践平台配套服务的提供上加大探索力度，力求为大学生提供细致化的服务内容，然而目前高校创新创业平台所提供的服务依然存在内容不够全面、服务有漏洞的情况。部分高校的创新创业基地的服务定位趋于简单化，仅停留在为学生提供免费或者价格低廉的孵化场所、物业服务和办公设备上，缺少针对创新创业项目发展规律和需求的针对性了解，无法为学生提供应对市场变化，更加个性化和针对性的服务，缺乏对孵化项目进行深入辅导和培育的能力。对于尚未走向社会缺乏经验的高校学生而言，风险评估、工商登记、团队协调等事项均是难题，很多学生知识存在较大的盲区。如果高校不能提供更加丰富全面、更加细致的服务，从大学刚入学就进行相关的服务和培训，将有碍于学生将科研想法向实际成果的转化。

第二节　美国大学生创新创业高校服务体系的经验借鉴

美国开展创新创业教育的历史已有 60 多年，优渥的社会资源供给与高校坚持不懈的革新发展使美国的双创教育体系趋于完善，涌现出一批创新创业典型高校。源源不断的大学生创业行为是追求自我挑战革新的生动写照，也为美国经济发展注入了强大生机与活力。本节旨在梳理美国高校创新创业教育开展现状并总结美国开展创新创业教育的成功之处，总结出可供我国高校借鉴的有益经验，为进一步优化完善我国创新创业高校服务体系的构建奠定理论基础。

一、美国大学生创新创业高校服务体系的基本情况创新创业管理服务

美国高校践行实用主义的创新创业管理目标定位，将创新创业教育视为与素质教育同等重要的肩负大学使命并服务社会的手段。麻省理工学院的创始人将创新创业管理目标定位为培养富有冒险精神的推动知识进步、为民族发展做出贡献的科学技术领域的高精尖人才，在实践中摸索创新。斯坦福大学则将实用主义贯彻创新创业教育的全过程，强调将知识应用于实践，旨在"帮助学生取得成功"，使"创办自己的公司"成为全校师生的奋斗目标。百森商学院创始人认为教育不应仅以实现学生的经济独立作为最终旨归，将创业教育定位为学生注入善于抓住机遇并灵活运用知识解决实际问题的创新精神和创新能力。哈佛商学院鼓励学生在现有的资源条件下挖掘机会进行实践学习，重点培养学生课本知识之外的创新能力。

高校创新创业体系的良好运转需要专门的管理机构进行统筹管理，防止高校内部各个部门之间互相推诿、权责不清的情况的发生。为此，大多数美国高校都成立了管理机构对大学生创业活动进行有序管理。例如麻省理工学院的斯隆管理学院设有统领学院各创业机构的负责研究创业管理、政策、投资等内容的教育教学创业中心，致力于将教育理论与实践的双轨教育知识进行整合。另外学院还设置了技术许可办公室以及创业服务中心，各个机构之间形成了有机联动、通力合作的组织网络。斯坦福大学设置了包括创业研究中心、技术许可办公室以及社会创新中心在内的创业网络以统筹管理创新创业教育，合理分配各项教育资源。百森商学院成立了密切联系创业开发中心、创业科技园、创业培训机构等组织的研究型教育中心、全球创业研究中心，旨在鼓励教师和大学生共同参与创业教育研究。仁斯利尔理工大学成立了创业办公室为在校师生提供综合性的创业服务和资源。哈佛阿瑟·洛克创业中心为大学生参加创业课程、进行科研活动提供重要的服务场所。

此外，美国很多高校出台了政策制度为在校师生着力打造宽松弹性的创新创业环境并保障其专利收入。高校允许创业的大学生灵活选择全日制和半日制上课模式并给予其休学

创业的权利，例如斯坦福大学的学生可以拥有两年的创业时间，无论创业成败与否都可复学。灵活的教育制度在一定程度上保障了师生在完成自身工作学习任务的同时合理分配出进行创业的时间精力，也激发了他们进行创业的良好积极性。在知识产权保护政策上，美国高校规定参与科研成果的发明和研究师生可以获得科研成果转化后的部分收益，例如伊利诺伊大学规定扣除相关费用后的科研成果收益，发明研究者可以获得40%，院系等二级单位可以获得20%，大学获得剩余部分并且还要拿出其中40%以备之后的科研消耗和技术转移。斯坦福大学规定如果教师本人负责将在学校内部产生的科研成果转移到企业，学校在与其签订利益分配合同时只收取10%~15%的知识产权利润；专利持有者可将学校产生在一年后仍然没有转移到企业的应用成果进行转移，该操作过程学校不再收费。斯坦福大学技术许可办公室规定，由专利转移而来的现金收益需要先扣除一部分供技术许可办公室日常的经营开销，剩下的85%由专利持有者、专利持有者所在的系和专利持有者所在的院进行均分；由专利入股所分配的股权收益，同样需要先扣除供技术许可办公室运营管理的费用，再由专利持有者和学校分配剩余85%收益，并且学校的分配所得全部作为技术许可办公室日常研究的花销和各类奖学金基金。

二、创新创业教学服务

作为创新创业教育的重要载体，美国高校的创业教育课程具有各自的侧重点和特色，但基本上围绕思维、知识、能力与实操开展。百森商学院从发现、探索和专攻三个阶段设置教育课程，学生须在大学一、二年级修读创业入门课程；二、三年级修读经济学、市场营销、信息管理与技术等综合系列课程以及定量方法课程；战略管理和高级文科课程等则放在第三、四学年的实践阶段。斯坦福大学在坚持多学科互动、文理科交叉、理论与实践相结合的基础上设置了商学院和非商学院两大类课程如"创新、创造和改变""全球创业营销""企业家精神"等，各学院均结合自身学科特点设置了创业教育课程，消除专业教育与创业教育之间的壁垒。麻省理工学院开设了创业理论、实践、项目三大类共60多门创业课程，突出强调跳脱理论知识进行"做中学"，从不同专业中挑选学生组成4~5人小组开展创业仿真模拟实践。这些不同模式满足了各高校不同学院和专业学生的学习需求。

美国高校创新创业教育的高质量发展、学生创业成果的产出离不开一批实力雄厚的师资队伍。麻省理工学院根据科研活动属性将负责创业的教师分为专职从事校内教学活动的内部学术型教授和同时兼职校外社会企业咨询服务外部实践型教授，吸引在企业提供智力、技术咨询和奋斗在创业一线的教师作为创业教育课程师资队伍的补充，此外还将有无创业经历作为教师考核聘用以及职位晋升的依据。斯坦福大学有20位诺奖获得者教师，在课堂教学中邀请全球知名创业成功的企业家、投资家现场与同学们交流经验心得。百森商学院80%的全职教师都具有博士学位，师资来源包括杰出企业家、科研人员、法务人员、特色领域名人专家等，该校开创了要求每位创业教授必须与一名具教学意向的企业家共同参与特色项目——"创业师资研习班"，举办创业交流讲座并公开向社会邀请兼具创业和学术背景的企业家校友、风投经理作为客座嘉宾。

三、创新创业资金服务

美国高校拥有雄厚的资金来源和多样的筹资渠道募集大学生创新创业教育资金以支撑创业教育的开展，创业资金来源主要包括四大类，第一类是高校教育经费、校友捐赠的"天使投资"、师生创业商业专利成果转化等校内资金，高校拿出一部分自有资金提供给创业学生使用。这类资金在对学生的创业理念和计划进行评估后对其提供孵化支持，帮助学生实现项目思路的成功落地。例如斯坦福大学提供给创业的学生 5 万美元以下的启动资金，拿走创业成果和收益的 33% 并将这部分资金投入下一个资助项目。第二类是商界创业教育基金会，具最代表性的是 1951 年成立的科尔曼基金会。这些基金会向美国高校创新性较强的创业成果和技术发明进行捐赠助推创业人才的培养，通过提供创业教育课程、实践活动、创业网络环境帮助学生。第三类是风投公司在美国高校设立的风险投资基金。风险投资在大学生创办企业的初期和扩张期提供持续稳定的资金支持，通常资助时间较长，有利于新企业的不断成熟和业务拓展。第四类来自于中小企业发展中心（简称SBDC）。美国高校拥有 57 个美国主要的 SBDC，大学生的创业活动程序经过美国中小企业管理局（简称 SBA）审批后，可以申请由 SBA 许可的非营利机构（简称 NPO）提供的不超过 6 年且限额为 3 万美元的小型贷款，贷款利率结合 NPO 所在地的实际利率在 SBA 设置的基准利率上下进行微调。

此外，美国高校学生还可申请与 SBDC 进行合作的当地银行例如纽约银行的创业贷款，申请填报程序简便通畅且学生在申请后 5 天内便可得到办理是否成功的答复。美国大学生一般通过参加创业大赛或项目计划竞赛获得所需要的创业资金。例如麻省理工学院为通过学院专业和风投家专业评审后的创业大学生提供 5 万美元的创业激励基金。斯坦福大学设立了三种形式的创业基金：一是鼓励具有前瞻性想法和创意的研究激励基金；二是鼓励已经具有初步架构但还没有被允许生产的鸟饵基金；三是鼓励拥有商业价值和市场前景的但较难被允许生产的构思发明的缺口基金。

四、创新创业平台服务

美国高校的创业服务平台从最开始只是简单地提供创业的基础设施和场所到提供知识、技术等教育培训服务和资金支持，再到积极拓展外部机构创业合作网络，现阶段主动拓宽服务范围、进行新型创业服务模式的探索，在发展的全面性、专业性和多样性上都呈现上升趋势，成为美国高校创业发展的重要推动力和催化剂。美国高校创业服务平台整合了高校、政府和社会等多重资源，建立了一大批以高校平台为主、产学研合作为辅的创业孵化平台，在创业者与投资机构、政策制定者、企业，甚至是客户之间架起了沟通的桥梁以起到锻炼大学生创新创业技能、提高大学生初创企业的成活率的作用。

这些实践平台遍布各个专业领域、囊括实体和虚拟的形式，在关注创业全过程的同时聚焦每一个创业微观环节，为大学生提供"显微镜"式的实操训练，成为创业教育理论与实践融合的"实验室"，旨在增加大学生创业的动力，帮助创业大学生发掘自身创业潜能、探索创业规律并为创办企业打下坚实的实践基础。这些创业服务平台的位置目前集中于以纽约、加州以及波士顿等为中心的城市范围。

斯坦福大学利用地理位置的优越性与硅谷的许多企业建立产学研合作关系使硅谷成为斯坦福校内师生开展创业实践活动的首选平台。相关数据表明，斯坦福大学与校外 120 多个企业建立了联合研发基地。对于斯坦福而言，硅谷为斯坦福师生提供了模拟实践训练和创业实习的场所，利用产学合作将高科技含量的研究技术转化为现实应用成果，使创新创业教育与市场需求密切结合并实现科技理论知识向具体实践的转移，实现人才培养与市场需求的对接以发挥创业教育实践育人的重要作用。对于硅谷的企业而言，斯坦福培养的优秀创业师生为企业进行产品研发和高风险研究提供了智力和咨询支持，使企业能够牢牢抓住研究的最新趋势和市场前沿信息，通过推进科研创新实现对市场需求的引导而不是传统模式的被动适应和迎合以抵御商品需求更新换代的风险、有效应对市场挑战。

密歇根大学与多家企业建立合作关系，利用各个企业平台帮助学生实现创业成果的转化。具有代表性的是宝洁公司和汽车技术公司电装，宝洁公司与密歇根大学共建组织，以在大学生课堂中融入公司运营理念和发展现状、提供企业实习岗位的方式培养大学生的创新创业思维，在工作岗位上萌发创业观点和想法，为今后进行创业打下基础；汽车技术公司电装鼓励大学生参与公司的科技研发项目和多学科设计项目，为本硕博学生提供带薪暑假实习岗位，学生在前期学习理论知识的基础上参与公司的项目研发，在实践中锻炼与人合作解决问题的能力。此外，密歇根大学与密歇根州立大学、韦恩州立大学共同组建了依托"校＋校＋校＋企业"合作模式的大学研究长廊（简称 URC），URC 以每年产生数百项专利大力支持知识技术转移，对密歇根当地经济发展起到了助推作用。大学生在 URC 平台中通过与企业合作不断学习创业技巧和自主解决问题的能力，对市场机遇进行评估并不断修改完善创业计划，在实践演练中慢慢摸索自主创业的途径。

五、美国大学生创新创业高校服务体系对于我国的启示

（一）联动的组织机构与较为完善的激励政策

美国高校拥有较为完善的组织管理机构来对创新创业教育高校服务体系中的各个子系统进行宏观的组织协调、统筹规划以确保各个子系统之间能够形成有机联动和通力合作，保证了创新创业工作地稳步开展以及高校服务体系的正常运转。美国高校创新创业教育的最终旨归都是通过锻炼学生捕捉机会的灵活发散思维与自主能动解决问题的能力，进而解决社会生产中的实际问题，为地区乃至国家经济的发展注入活力，这对于我们国家创新创业管理的开展具有重要的借鉴价值。

此外，清晰透明的专利转化利润分配政策使专利发明者的智力成果和利益收入得到了实际保障，有助于更好地激发他们进行创新发明活动的积极性，使其对于创新创业投入更

多的热情和动力，值得我国在制定创新创业激励政策制度时进行学习和借鉴。全方位的创新创业政策中凝结着美国高校独特的创新创业文化，即高校在开展创业教育实践过程中不断积累的创业规律、思想、价值观念等精神成果的集合体，重在鼓励大学生敢于突破传统、勇于开拓未知领域、在创业实践中弘扬青春个性。通过校内跨专业的组队方式培养团队协作精神，用企业家的思维方式和价值取向处理问题，最大化地发挥团队效应。美国高校通过激励学生踊跃参与将创新创业文化特质厚植于学生内心并潜移默化地滋养和熏陶学生的想法和行动，成为其日后求职工作的潜在竞争力。

（二）逻辑严谨的教学课程与高质量的师资队伍

美国高校的创新创业课程在纵向上并不是由零散的课程随意拼凑而成，而是经过严密的逻辑设计，从发现阶段的初级通识类课程到探索阶段的中级专技类课程再到聚焦阶段的高级拓展类创业课程，课程体系上层层递进并能够有序衔接，使不同年级的学生接受符合本阶段认知特点以及吸收能力的教育。此外，学生在修完创业必修课程之后还可结合自身兴趣特长在时间精力允许的情况下选修校内丰富的创业课程资源。在横向上，创新创业教育课程不再是孤立地在部分学院开展而是作为教学方向的引领课程与文科、理科和工科各个专业课程进行有机融合，在有效打破创新创业教育与专业教育之间教学壁垒的同时实现对大学生素质的全方位培养，拓宽其知识的覆盖面和思想深度。最后，课程设置突出强调在"做中学"，跳出"大水漫灌式"的传统低效率教学方式，有效对接学生的理论知识和实践操作。

美国高校在创新创业教学师资的队伍建设上主要有以下几点优势值得借鉴：

首先，教师的数量充足且构成种类丰富，除了校内专职教师外，美国高校还积极引进了创业成功人士、企业高层领导、科研人员、财会专家、艺术家、风险投资人等作为课程的兼职教师，此外，创办企业的知名校友、天使投资人、法律专业人士也会作为嘉宾应邀参与学生课堂，为学生分享企业运作一线的真实案例。

其次，高校会对参与创业教学指导的教师以创业教育讲座等形式展开系统的培训，夯实创业教师的教学理论知识基础，将创新的教育思维根植于教师的教学方式中以便于后期对学生进行针对性的指导。

最后，美国高校鼓励创业教师积极参与企业实习锻炼和创新创业项目实践，引导其亲身体会创业的每一个环节以加深其自身对创新创业的感悟，从实践中积累教学经验并丰富创新创业教育的课堂内容，通过不断开拓学生的思维方式和能力素养为其今后的创新创业发展奠定基础。

（三）多元化融资渠道与高科技产业集群助推资金

美国高校创业资金的运作发展具有以下两大优势值得我国借鉴：

第一，融资渠道多元多级。美国的创业资金以美国政府引导协调各方，依托高校为技术中心的集群发展以及吸引社会各方资本共同参与为主要特征，面向大学生创业的各个阶段提供多维度的资金支持，有效地加强了企业初创期的市场适应和成活能力。高校通过积极落实政府制定的法律和政策为大学生创业资金提供制度保障，在积极协调企业资本市场的运作的同时鼓励社会资本参与高校的创业投资，针对不同的创业阶段和项目提供针对性的细化资金支持，解决大学生创业在融资方面的后顾之忧。此外，高校还积极探索众筹、公益投资以及社会借贷等创新型融资途径，使大学生在进行创业筹资时拥有更多的选择空间，通过评估企业所在行业、创业者自身和企业的现实状况选择最切实高效便捷的融资渠道，为融资市场增添活力，充分点燃大学生参与创业的激情。

第二，依托高科技产业集群助推企业发展。创业型产业集群指的是依靠某种核心技术吸引诸多企业以及相关机构在某个地域范围内进行生产活动，这些企业和机构通过在地理空间位置上的聚集效应形成强劲竞争力。创业产业集群在便于高校、企业和投资机构进行交流合作、资源互换的同时也增加了企业之间的竞争，催生各个企业创新技术的产生，加快新企业的孵化效率和成长发展。

美国参与创业投资的社会资本如天使投资和各种风投基金大多都以研究型高校为核心支撑并对其进行资金注入，显示出高度的区域集中性，渐渐形成了产业集群，也在很大程度上带动了当地的创业经济发展。美国乃至全球文明的创业圣地——硅谷就是在依托斯坦福等研究型大学的科技和人才基础上吸引大批社会力量的集中投资支持并利用聚集优势，形成了高效的创业环境支撑，使加州当地的经济状况实现了飞速发展。

（四）多责任搭建主体与种类丰富的培训平台

美国高校的创业服务平台已经具备了较为完善的管理体系和组织结构，展现出与区域经济进行互动交流、协同联动发展的趋势。平台的责任主体主要包括大学、政府、企业、其他服务机构以及非营利组织等，多个主体共同参与为大学生提供创业资金、基础设施服务以及创业过程的监督管理和人脉资源网络等，在提高产品在行业中竞争力的基础上推动大学生创业实践的落地实施、创业项目的孵化成熟以及创业成果的商业化转换。

平台的种类主要包括大学研究园、科技孵化器以及创新创业项目等。大学研究园以高校中高水平知识分子的创业研究活动为中心，利用知识进行创业，高校为创业者搭建平台、企业实习场所并提供相应的教育、资金、技术以及资本市场的服务，带动周边区域经济集群发展。科技孵化器把重点放在科技行业，通过为大学生提供基础设施、公司战略、运营方式的指导力求在短时间内促进企业的落地孵化。创新创业项目则是以培养大学生的创新创业品格为目标，通过举办活动大范围地吸引大学生参与，培养创新型人才。

平台的运作过程包括对创业项目进行前期的筛选评估，了解创业需求，建立创业技术指导服务网络并提供融资渠道，从而将创业理念转化为具有商业价值的企业。

第三节　大学生创新创业高校服务体系的优化策略

本节在定性分析和实证研究的基础上，从提升创新创业管理水平、提高创新创业教学质量、加大创新创业资金供给与完善创新创业平台建设四个维度提出优化大学生创新创业高校服务体系的对策，旨在完善高校创新创业服务体系的构建并促进大学生创新创业实践的深入开展。

一、提升创新创业管理水平，转变创新创业管理教育理念

作为创新创业教育的精神内核，创新创业管理理念是我国高等高等教育转型发展的关键抓手，决定了引领学生成长发育的方向。1998年，世界上首届高等教育大会在联合国教科文组织的筹划下召开，会议指出高等教育的核心指向是培养学生的首创精神，即对于高校开展创新创业教育而言，最重要的是培养大学生的创新创业精神、能力和综合素养，帮助学生建立将来创业、就业所需要的素质基础。因此，创新创业教育的核心目标与宗旨不是成功建立企业，而是通过教育激发大学生参与创新、勇于创新、热爱创新的价值取向与素质能力。

作为培养学生成长成才的重要场所，高校不仅仅是传播文化知识的源头，更是进行知识创新、科技创新的主要阵地，要在深刻理解创新创业教育内涵和核心诉求的基础上进行深入剖析、理解和感悟，提取适用于自身发展的部分，抛弃以往功利化、激进化、片面化的思想成分和指导教育的传统思维，建立适应时代的全新教育理念，将其融入到大学文化和管理指导建设工作的全过程。要重视校内良好创新创业人才培养氛围的营造和教育进程的推进，通过创新创业知识和文化的传承培养具有创新意识和创新能力的高素质学生，以此为国家和社会创新成果的研发和创新价值的创造提供智力支持和人才支撑。

二、健全创新创业管理政策制度

（一）进一步完善创新创业政策制度

良好的政策制度环境是高校开展创新创业教育工作的根本保障，也是促进大学生通过参与创新创业实践实现自我突破的关键支撑。

当前我国高校创新创业管理教育活动呈现的部分无序性和盲目性的根源就在于创新创业政策制度不完善，因此高校应借鉴西方国家在此方面的先进经验，在结合国家、教育部、各级政府组织颁布的各项政策指向的基础上进一步出台或改进校级创新创业保障制度。美国自20世纪90年代开始即通过《创业者》等杂志对高校创新创业管理工作实施效果进行年度评估。创新创业评价体系对于定期梳理校内双创工作实施进程与发展现状，找出实际工作运转过程中出现的政策漏洞具有重要意义，有助于树立高校之间在开展双创管理教育实效上的竞争意识，督促高校加快优化路径的探索和改革进程。

因此，各高校要尽快建立创新创业人才培育实效的评估指标，突破传统的高等教育评估模式，将双创管理工作列入整体发展质量评估的必要层面，通过建立健全双创管理评价体系、设置合理的评估方法定期开展自评自测，在优化顶层制度设计的同时修缮创新创业教学、资金以及平台子系统的实施细则，以促进"效率有保证，内容有特色，育才有实效"的制度体系的建立。

（二）加大创新创业政策制度的宣传力度

切实发挥创新创业政策制度的实施效果离不开对其内涵的广泛宣传与细致解读，通过着力打通政策落地的"最后一公里"将具体内容灌输给参加双创实践的每一位大学生，将各项条例的服务保障效果最大化。在宣传内容上进行"点面结合"，即尽量扩大所涉及的创新创业政策制度的覆盖面，对国家、省（自治区、直辖市）、市以及高校的各类政策内容都要进行系统的梳理并宣传解读，为学生搭建起创新创业制度保障支撑框架，以备在实践所需之时能迅速查找并获取相应的政策内容，同时重点宣传最新颁布或意义重大的政策制度以及其中较为关键或较难被学生消化理解的细则部分，确保学生对各项条例内容的深度理解与精准把握。在宣传形式上，不能仅仅局限于印发宣传册或者刊登在校园宣传栏、官方网站等低效率的宣传途径，可以通过定期召开讲座、报告会等线下形式系统地向学生进行讲解，辅助结合新媒体技术例如校园微信、邮箱、微博、小程序、QQ群等线上渠道灵活地向学生推送政策条例，加入动画、小视频等趣味内容吸引学生的注意力，在无形中渗透学生的日常生活以加深学生对各项政策内涵的记忆。还可以借助直播等途径以互动的形式进行宣传讲解。

三、建立创新创业管理机构协同运作机制

为了保证创新创业管理工作进程扎实有效地推进，必须重视校内参与双创教育工作的管理机构建设，形成上传下达、协同配合的机构运转状态。

首先要建立权责分明的工作机制，高校应加快创新创业专设机构的建立，由校级核心领导和创新创业分管校领导主要负责专设机构的管理，从教务、学工、团委、财务等部门抽调行政人员担任专设机构组织成员，负责创新创业重要事项的决策制定与权责划分，在牵头各项教育实践活动的开展的基础上横向联合协调各创新创业参与部门，确认每项活动的参与机构的职责所在与业务分工，形成清晰明确的行政组织体系结构以防止多头领导、推诿扯皮、职责混乱情况的发生。

其次，建立信息交换机制。高校内部应着力构建各行政机构之间的信息传输与接收机制，确保各机构在开展创新创业教育工作时拥有通畅的联系渠道，避免因信息交换不及时而产生孤岛效应，确保信息沟通的及时有效。

最后，建立资源共享机制。这是创新创业教育工作的有效助推力和优化创新创业生态系统的必要路径。各机构之间在开展创新创业教育工作时要统一思想，尽可能将部门拥有的人力、物力、财力资源共享，通过将功能不同、分工有别的部门进行资源整合以打破资源壁垒、实现协同发力，共同提高育人实效。

四、提高创新创业教学质量，完善创新创业课程集群

创新创业教育课程是高校开展教学工作的根本任务和重要基础，为了将宏观抽象的创新创业教育工作转化为可操作的具体事务并落实到位、进一步提高教学实效，我国高校应

在传统课程体系的基础上吸收借鉴国外创新创业课程设置的先进经验，对我国创新创业课程的内容和结构进行改革和调整以建立科学合理、具有整体性和实用性的课程集群。

在课程内容上，应包括通识类教育课程、核心技能类教育课程以及专业融入式教育课程。其中通识类教育课程要将创新创业有关理论知识的核心精华部分加以整合提炼，同时融入本校双创教育工作的办学定位和人才培养需求，形成能让学生对创新创业的理论框架和主要内容形成初步了解认知的综合性、基础性课程。核心技能类教育课程要在通识类课程的基础上拔高，重点培养学生创新创业原理和专业技能知识，涵盖的范围应涉及操作管理、策略管理、财务管理、法律、其他企业管理以及创新创业企业家个人素质等各个方面。专业融入式教育课程即将创新创业教育的思想内核融入到各个学科专业课程当中，所有教师在进行学科专业教学时均能够将创新创业知识和思想加以渗透，于潜移默化之中启发和培养学生的创新意识和创新思维。力争做到"通识要通、技能要厚、融入要精"。

在课程设置上，要将通识类教育课程纳入必修课程体系，其他课程根据实际情况在必修、公共选修和限制选修类型中选择开展。注意将各类课程在结合对学生的培养阶段和学生自身接受能力的基础上按照学年、学期进行优化配置和有机组合。在专业课程设置上既要保持学科体系的独立性又要考虑与创新创业课程的交叉结合。

此外，要针对学生的个性化发展需要提供针对性的课程服务，例如针对具有强烈创新创业实践意愿的学生重点开设集中式的技能培训类课程以提高其科研能力、产品技术创新能力、企业运营能力。

五、优化创新创业师资队伍

师资队伍的数量和质量影响着创新创业教学的全局，我国高校应在现有教师队伍的基础上进一步完善创新创业师资人才的引进、培养和使用，着力打造一批高水平师资队伍，做到配备足额数量，控制师资质量，实现专兼结合与协同合作。

高校应积极拓宽人才引进渠道、探索师资多元引进模式，引入既有丰富的理论知识又有实践经验的"双师型"教师从事教学、科研活动。在范围上不仅仅局限于校内专职教师、行政管理人员、科研工作者，更要积极引进社会上创新创业领域的投资者、企业家、咨询师、法律专家、政府官员以及海外交流人才等社会精英担任兼职教师，利用他们把握市场前沿动态和行业发展现状的经验优势弥补校内教师指导内容的不足并优化创新创业师资队伍结构。通过建立明确的评聘标准提升创新创业师资的准入门槛，将不同层次类型的教师资源进行优势整合以形成年龄结构、支撑结构、专业结构科学合理且能够发挥协同功能作用的师资队伍。

此外，进一步强化对创新创业教师尤其是青年骨干教师的培训，在条件允许的情况下建立创新创业教师培训基地开展针对式培养，也可通过定期举办培训交流会、集训班、头脑风暴等形式，结合国外访学、进修、交换培养等国际合作渠道提升师资自身的素质能力与水平，通过"点面结合、分层推进"的优化方式加快专兼结合的师资队伍质量提升速度。

六、健全创新创业教材体系

作为核心教学资源的创新创业教材的编写情况反映了高校配置利用创新创业教学资源进行人才培养的综合能力，为了实现服务于市场经济结构转型升级的高质量人才培养目标，高校必须重视教材编写工作，力争建立具有前瞻性、多样性、个性化、国际化、立体化的创新创业教材体系。在教材类型上，不再仅仅局限于传统图书、学术报告、论文、讲义等纸质书籍，要充分利用现代化电子技术向数字化教材领域拓展，加快完善创新创业信息数据库、技术平台与使用终端数字出版环节的建设，开发创新创业电子教材，在现代化高等教育理念的指导下依托电子信息网络平台构建结构多样、互动形式丰富的立体化教材。

在教材编写上，要在对标教学发展现状和行业需求的前提下根据创新创业的动态变化过程及时更新教材内容，做到与时俱进。组建由创新创业行业专家、优质教师及优秀企业家组成的高质量编写团队，深入企业实施创新创业调研，了解国际前沿理论知识与创新技术，对创新创业行业发展前景与人才需求进行宏观把握，在创新创业数据资源库中鉴别和筛选符合教学要求的电子信息并整合优质资源，通过确定目标、设计结构、计划编写、调整优化等程序编制高质量创新创业教材。

七、灵活进行创新创业教学考核

创新创业教学和考核方式是提高教学效果、提升学生知识掌握度的重要途径，高校应探索新型多元、综合性的教学和考评方式，尽量避免传统教学中机械单一的"大水漫灌"和"死记硬背"的情况的出现。

在教学和考核的环节上，应加入师生互动、头脑风暴、情景模拟、角色扮演等具有创意和趣味性的设计，注重学生自评自测与互评互测，由教师主导转变为教师、学生共同参与模式。

在教学和考核的对象上，在学生个人表现的基础上重视团队表现，通过发挥学生的团队协作能力强调协作精神、团队意识在创新创业中的重要作用。在考评时间上，不拘泥于结课后的时间节点，在课程进行过程中灵活设置测试时间对学生进行分阶段测评以达成及时反馈学生的知识掌握和能力训练情况目标。

在考核形式上，应加大开放式评测的比例，采用闭卷考试与随堂开卷考试、PPT答辩、提交论文报告等相结合的形式，重点考查学生的临场反应能力与口头表达能力，积极探索利用现代信息技术将测试结果上传终端教务系统实现无纸化网络测试与书面测试结合的新途径。

八、加大创新创业资金供给，进一步拓宽融资渠道

在高等教育规模不断扩张、基本建设支出大幅增长、高校教育经费短缺的背景下，为

解决大学生创新创业资金数量不足的问题，高校必须明确自身在创新创业教育领域的主体地位，在积极申请政府财政拨款的基础上全面盘活社会融资渠道，继续建立与社会企业、银行、风投公司等金融机构之间的友好战略合作关系并积极开发社会众筹、大学生自筹等其他辅助融资方式，构建政府、高校、社会三位一体的创新创业资金支持系统。

在政府层面上，除教育部每年划拨的创新创业教育经费等直接投资外，鼓励政府学习借鉴美国的成熟经验在高校设立创新创业引导型基金的方式促进创新创业资本的形成，在坚持政策性与公益性的前提下通过让利于民、风险共担带动社会其他基金投资的加入，制定完善的资金管理制度和实施体系作为引导型基金规范设立和有序运作的保证以充分发挥支持引导作用。

此外，高校可通过举办创新创业竞赛让学生的创新创业项目吸引风投公司和企业等社会资源的关注和投资，利用计划创意和专利入股的融资模式将学生的科研成果注入企业生产过程并通过后期盈利获取分红，加速项目的落地转化。在活动举办过程中还可以商业广告冠名、场地席位出售、签署优先人才输送协议的方式加大社会力量的投资力度。通过建立校友会整合优质校友资源、加强各专业优秀毕业生之间的联系，充分发挥"传帮带"效应给予校内大学生行业市场经验，帮助其拓展社会人脉资源，激励成功的企业家校友在校内建立天使基金，以提供经济帮扶的形式回报母校，建立创新创业资金良性循环链。积极利用"互联网+"新型融资渠道引导学生通过众筹的方式向社会展示自己的创新创业项目成果信息，利用规模效应的优势向社会大众筹集资金。

九、扩大资金覆盖范围

在有效拓宽筹资渠道并拥有一定筹资规模的同时，高校还需进一步扩大创新创业资助对象的范围与支持力度，建立起"面向全体"的资金保障计划，为每一位参加创新创业实践的学生提供良好的物质保障环境。在创新创业项目、竞赛等实践活动资助对象的选拔中应适当放宽对参选同学的年级、专业、团队组成人员数量的限制，扩大资助名额的比例，防止部分学生因资助门槛过高得不到足够的经费支持而选择放弃实践情况的发生，适当缩小创新创业项目等级支持额度差距并扩大项目经费校级资助比例以保证资助的公平性与全面性。

通过设置校级和院级项目资助计划对在竞选国家、省级立项实践中落选学生的创新成果开展后续支持，保护每位参加实践学生的创意构想。此外，高校要重视发挥学生创新创业社团组织的教育传播与实践锻炼功能，鼓励学生成立创新创业协会、研究会、合作小组等组织并从创新创业教育经费中单独划拨一部分资金作为学生开展社团活动的资金资源。

十、提高资金使用效率

首先，高校应通过探索大学生信用体系的建立进一步降低创新创业资金申请门槛、简化资金申请审批程序。目前进行创新创业贷款的大学生需要提供家庭收入、婚姻情况证明、贷款协议等书面材料并出具抵押物，提供拥有在职工作的担保人辅助担保，然而在校大学生缺少固定收入及资产的现状往往成为阻碍贷款申请的壁垒。高校可以尝试通过将学生的考试成绩、日常表现、人格素质以及师生评价等个人情况记录在学生档案中并以此为评价维度建立学生的综合信用考核体系，以此为大学生向银行提供贷款信用担保，必要时还可将学生的毕业证、学位证、学生证等"软资产"作为辅助抵押物品进行抵押贷款。

对于找不到合适担保人的学生帮助，其与创新创业商业贷款担保机构建立联系，以学校名义出具学生的信用报告并为其提供担保文件，通过联合担保的方式向银行申请贷款。高校以及银行应为创新创业资金申请开辟"绿色通道"以提高资金审批效率，争取在学生的申请材料通过审核后以最短的时间进行资金发放。其次，灵活设立资金的注入与退出方式以加强对处于种子期的项目培育。在资金的注入方式上，涵盖数目金额通常为一千至几千元的无偿资助、短期内（通常为 2～3 年）免息且金额为一万至几万元的免息资助、高校以资金入股学生创新创业项目按照比例承担收益或损失且金额不超过项目总数 50% 的股权投资方式和委托银行向学生实践团队发放小额贷款的债券资助等。

根据注入方式的不同，资金在退出时相应选择以注资时间为起点且项目进入成长期后进行资金归还的无息借款退出方式、在贷款协议到期后停止贴息但可根据实际情况适当延长期限的银行贷款贴息退出方式以及由学生项目回购高校认缴的股份或双方达成协议将高校股份出售给第三方机构的股份制退出方式。邀请社会上具有行业背景知识和实践经历的人员与校内专业教师组成综合评审队伍在资金注入和退出的过程中进行项目可行性分析、市场行情预判，并根据项目绩效以及投资报酬率等指标判断项目是否进入成长成熟期以便于调整资金的退出时间。

十一、完善创新创业平台建设，丰富创新创业场所类型

在当前创新创业教育实施进程中，创新创业平台场所承担着发挥辐射影响和示范带动功能以培养高水平人才的重要作用，是有效开展创新创业教育活动、强化过程训练、提升学生实操能力与综合素质的实践依托。我国高校要进一步提高对建设创新创业平台场所的重视程度，全力打造全方位、多层次、主题鲜明、集创新创业实践与技能培养为一体的场所集群。在场所类型上，在提供必要的创新创业模拟实训、项目孵化、见习实习活动所需空间场所的前提下根据实践类别细化场所主题，不断探索新型实践基地类型，例如会计电算化实验室、沙盘演练室、创新创业项目纠纷模拟法庭、企业战略分析研讨室、电子商务虚拟供应链实验室、数字化 IT 模拟实验室等，建立国家级、省级、地市级、校级、院级等各级各类、规模各异的创新创业实践场所。

在建设主体上，高校要在充分调动校内资源的基础上主动争取与政府、社会、企业的通力合作与思想共识，将创新创业平台场所建设放在培养为经济结构改革注入活力的高质量人才的战略高度上。此外仍需加强与兄弟院校之间的合作交流，实现建设资源共享与利益互换以达到优势互补、强强联合的效果。在建设原则上，为突出创新创业实践场所整合

各方资源为学生实践提供软硬件支撑和服务以促进其创业就业、联合人才培养与产学研合作的功能定位，必须坚持"创新性、综合性与实用性"相结合的原则，"以人为本与科研效益"结合的原则，"教学、实践与生产"相结合的原则。

十二、塑造校园创新创业氛围

良好的创新创业氛围是促进创新创业意识、欲望、潜力、技能转化为创新创业实践的重要推动力，针对高校目前存在的大学生创新创业意愿不强、活动参与率不高、项目转化落地率较低的现状，高校要将创新创业文化厚植于校园文化中，在着力营造浓厚的创新创业氛围的基础上全面带动和激发学生在实践平台中锻炼自我的热情。

对于教育资源丰富、办学综合实力较强的重点高校，要充分利用校园宣传栏合理布局并刊登创新创业标语、优秀企业家校友寄语、风采照片等，通过宣传政府与高校促进双创工作的新举措将校园文化融入创新创业教育，同时通过网络媒体、校报、宣传册、广播等形式宣传优秀典型的实践经历与有益经验，利用榜样力量吸引学生关注并参与创新创业实践。

此外，积极组织召开创新创业跨国学术交流会、头脑风暴、沙龙活动，通过掌握国外创新创业动态，吸收国外高校优秀实践经验启发学生的思维意志，推动国内塑造文化创新、科技创新的优良环境。对于普通高校而言，要在做好以上工作的同时进一步搭建与重点高校的学习交流的桥梁以进行资源互补与良性互动，在积极借鉴创新创业典型高校的成功案例和培养模式的同时紧密结合本校办学特色和发展现状，打造本校创新创业实践特色和亮点。

针对理科学生创新创业活动氛围的差异，高校要在创新创业训练项目的设置上兼顾文科专业的应用范围，适度开发针对文科生的实践项目，鼓励其每周抽出固定时间走进创新创业实践基地进行实训或开展其他实践活动。鼓励理科生走进图书馆、阅览室丰富自己的创新创业理论知识，避免因长时间沉浸在模拟实验中忽视了人文精神滋养。此外，鼓励文理科学生跨校跨专业组队参与创新创业竞赛或申请项目，加强不同学校、不同专业之间学生的沟通学习，形成人文、科技的优势互补，充分调动学生之间开展有益竞争的热情与活力。

十三、提供针对性创新创业平台服务

针对高校为参加创新创业实践的学生所提供的服务内容不够全面且个性化缺失的现状，必须进一步丰富并细化平台服务内容，为学生和实践项目服务，为企业和社会服务、为教育部制定相关的创新创业决策指导服务，全面加强全国创新创业教育服务系统服务质量。首先高校要建立信息化综合服务平台，将创新创业项目、社团活动、竞赛、实习、讲座、报告会等各类创新创业实践信息录入平台方便师生及时获取并关注。

此外，将创新创业场所的房间、水电、设备、保洁、维修等公共服务信息纳入到信息平台以提升运营效率并开辟专设服务区供高校与各级政府、企业、金融机构等开展电子商务交流合作，促进校内师生创新创业智力成果的落地实施和转化。搭建创新创业跟踪指导站，定期邀请专家集中开展有关创新创业项目的信息咨询、法律援助、培训指导等服务并为每个项目配备"一对一"实践导师，结合参加实践的实际情况提供个性化培养方案，针对项目在不同时期所面临的运营问题进行指导，强化服务的针对性与实效性。

第六章　提升策略之二：推进创新创业平台建设

第一节　大学生创新创业实践平台
建设现状、存在的问题与成因

一、我国高校创新实践平台建设背景

从宏观背景来看，人类社会的发展经历了从以农业生产为主导的经济社会到以机器生产为主导的现代社会，再到以电子信息技术为主导的新型社会的发展历程。纵观发达国家的工业化进程，目前有三个基本规律已达成了学界认同。

首先是科学技术的发展。众所周知，发生于英国的工业革命是产生于纺织业，具体来说，是珍妮纺纱机的这一技术的发明开启了工业革命的浪潮；之后的工业革命的发生是发电机、电动机的发明，电力技术开始出现在人们视野中并广泛运用于生活中，在这一技术发明的指引下，出现了电气、化学、石油等新兴产业领域；第三次工业革命主要是以计算机技术的诞生为标志，使人与人、物与物跨越了空间范围的限制，大大提高了工业领域的生产力，也诞生了如新材料、新空间等新兴领域的技术革命；

其次是生产技术在制造业领域的切实运用。以英国为例，蒸汽机的发明带来了技术的革新，但真正使英国走在 19 世纪世界前端的是工厂的流水线生产模式。如果新兴技术没有运用到工业制造，那么技术的发明也并不能发挥其最大的经济价值。

最后是产业之间的逐渐弱化。不同产业面对的是不同的经济社会现象，解决的是不同的经济问题。然而，当产业界限逐渐模糊的时候，不同产业之间的融合发展可以发挥一个产业最大作用与功能。依靠工业革命积累的英美等发达国家，于 20 世纪 70 年代孕育了以计算机、软件、通信为代表的信息技术革命，由此开始迈入信息社会。信息成为社会中最重要的资源，其代表产业为计算机、微电子和通信技术产业。信息化是基于新兴信息技术在社会生活中各个领域的普遍使用而形成的，在工业领域表现为以物质生产为主的工业模式逐渐转向以知识生产为主的生产模式的转换，也可以理解为由较低产出的第一、二产业向较高产出的第三、四产业的演进。当今时代，以信息技术为核心的新一轮科技革命正在兴起，国外基本已经将创新提升为国家战略，各国围绕科技创新的竞争与合作不断加强。

我国必须抓住这次产业变革的机遇，更积极地执行创新驱动发展战略，并不断为社会

生产力的发展开辟新空间。可以说，创新驱动的发展是我国适应新技术革命和产业转型的迫切要求。

信息社会的到来代替了一些传统工业，革新了一些传统行业。在产业变革的时代背景下，国家提出"大众创业、万众创新"号召的关键时刻，构建人才培养的创新性实践平台是教育改革的关键和有效途径。现阶段，在政府层面，已建立的有国家层面的技术研究实验室和各省级重点实验室；在企业层面，已建立的有大学孵化中心、产业园、校企合作实验中心等平台；在高校层面，已建立的有创新科技平台、众创空间、校内跨学科实训平台等平台，为我国高校人才综合实力和创新能力的培养提供了支撑，并给学生提供了跨学科交流的机会和环境。

二、创新实践平台的类型与功能

（一）创新实践平台的类型

由我国大学发展历史视角来看，学科优势，政策支持和发展定位的不同，大学构建创新实践平台的方法和类型也会有所不同。我国学者对大学的分类与划分标准各异，从指导方式的分类方式来看，当前，高等院校分为四种基本类型：研究型大学、教学研究型大学、本科教学型大学和专科教学型大学。

不同类型的院校为了培养出高质量的人才，为了满足国家和社会的多样化的需求，不同类型的大学都有责任和义务为国家培养不同水平的高质量人才。

研究型大学以研究生教育、科研能力、创新水平培养为主导，校内有着很强科研实力，其教育的主心骨在于研究生与博士生的培养，其教育的目标是培养创新科技人才；教学研究型大学介于研究型大学与本科教学型大学的中间，以教学为主，科研为辅，以培养具有基础开发能力与基础应用能力的人才为目标；本科教学型大学主要从事本科生的培养工作，部分学校有少量的硕士学位授予，以培养应用型技术人才为主要目标；专科教学型大学主要培养具有职业技能与岗位需要的实践动手能力较强的实用型人才为主要目标。

不同水平的大学在我国经济建设和社会发展中发挥着不同的作用，因此，学校在为不同的群体服务时，所需要构建的创新实践平台也需要关注不同的实践方式。如研究型大学可以注重综合型和创新型实践平台的建设；而专科型高校则可以侧重于构建基本工程培训平台。

从高校管理和运行层面看，可其分为三类：独立建设型、依托于某个学院型、跨学院虚拟组织型。独立建设型特点是平台不单独由某一个或某几个学院组成，是独立于本学院之外的平台组织形式，可以是由多个学院单独成立的项目实验中心，也可是由学校单独成立的创新创业学院。这种组织形式的特点在于可以很好地集中每个学院优质教学实践资源、空间资源等，使实践平台涉及的广度更大，同时也避免了重复建设所需要的物质条件，在一定程度上可以节约学校的成本，使资源利用最大化。依托于某个学院型的创新实践平台指的是以二级学院这个主体为依托，成立与该学院不同学科有关联的各种实训活动、竞赛活动甚至是校外实践活动，可以使平台内教学与科研实践更倾向于专业化和深入化。跨学院虚拟组织型是指以学生自发性活动为主导的创新实践平台，不需要通过学校或者二级学院的专门领导，以创新团队或创业小组的形式开展的诸如创客空间的组织形式，这种创新实践平台可以充分利用学生学习的主动性，发挥不同专业学生的专业特色，同时将校内外的人才资源召集在一起，形成一个研究平台，培养学生的创新创业能力。

（二）创新实践平台的功能

上文基于不同的视角，对高校创新实践平台的分类有一定差异，但可以肯定的是，在对人才实践能力的培养功能上是相差甚少的。比如，职业院校将更加注重以技能为导向的实践能力发展，而研究型大学将更重视学生的创新性实践技能的发展。因此，不论各个学校以何种方式、以何种类型进行创新实践平台的建设，其目的都是培养与本校办学水平定位相符的，满足第四次产业革命需要的学生。创新实践平台一般都具有以下基本功能：

一是创新实践活动的支撑。实践作为人才培养的一个重要环节，对于学生解决实际的问题的能力产生直接影响。从学生实践活动形式来看，不论是研究型高校还是专科型院校，其实践活动形式主要有基础实践、专业实践和综合实践这三大类。其中基础实践是指完成指定专门任务的能力，这种基本能力根据不同的专业和未来的职业需求有不同的侧重点，例如实验操作、计算机运算、图纸设计、文字写作等。任何雇主都要求应聘者具有一定的基本实践能力，这种基本实践能力的区别在于技能的熟练度和深度。专业实践是对基础实践活动深度和广度的延伸，不同于基础实践，专业实践的内容来源于课题或现实问题，使学生将知识与市场进行融合，初步具有良好的职业素养和解决实际问题的能力。综合实践的主要特点在于实践内容和形式的跨学科性、实践主体的独立性和创新性。在高校创新实践平台中，学生除了基础实践活动外，还可以参加各种学科竞赛、创新项目，以学促赛、以赛促学。每个项目和活动都有专业导师带领，引导学生理论联系实际，由学生自主管理，充分提高学生的实践主动性。

二是创新科研能力的转化。学生科研能力的提升离不开教师的全过程深度参与，在高校创新实践平台中，导师根据课题项目对学生进行指导，使其获得无法在传统课堂教学中学习到的隐性知识，而学生只有通过科学研究和实践将课堂上学习到的知识转化为隐形知识。基于创新实践平台的科研能力的转化可以是让学生进入导师的科研创新团队；也可以是在导师的指导下进行创新科技活动，产出论文、专利和学术成果；还可以是根据教师的研究领域开展相关竞赛活动；更可以是第二课堂的课程教学中进行的师生互动，互相启发。

三是创新科研成果的导向。高校科研成果的转化可分为直接性转化、合作式实施转化和转移式转化三种不同类型。不同类型的平台有不同的科研成果转化方式。直接性转化在高校中较为常见，指科研成果的负责人自主创业，或者是大学直接负责将科技成果转化为生产力。合作式实施转化是指成果所有人采取技术作价入股、利润分成等方式，与企业共同完成科技成果转化。转移式转化目前在我国还比较少见，是指成果的所有者将科学技术成果的所有权或使用权转让给企业，并以技术转让的形式对其进行转化。建立大学与企业共同培养创新型和企业家型人才的机制，在企业中建立学生实践基地，为学生提供更加丰富多彩的实习培训。这种合作模式促进了政府、大学、科研机构和企业之间的长期相互理解和信任关系，促进了科学技术收益不断扩大至更大规模的经济效益。除此之外，创新实践平台为转换科研成果的过程中所需的各种软硬件条件提供针对性的匹配和创新，这将更好地为转变大学科学技术成果提供新的桥梁和渠道。

三、我国创新实践平台发展现状

（一）平台建设总体历程

首先，高校创新实践平台的发展，早期仅仅是部分高校的自发行为，主要以零散的竞赛活动为平台。在这一阶段，有两个例子最为典型，一是由清华大学等34所高校和中国科协等单位，在国家教育行政部门的大力支持之下，共同发起的首届科学技术项目大学生课外科技活动。这项竞赛活动后来正式命名为"挑战杯"全国大学生系列科技学术竞赛，并一直定期举行延续至今。二是由我国清华大学主办的大学生创业计划竞赛，与"挑战杯"不同的是此竞赛活动引起了社会多方的高度重视，决定将大学生创业计划竞赛推广至全国高校，此竞赛也一直保持至今。2007年，教育部也正式下发文件，提出把学科竞赛活动、科技创新活动纳入"实践教学与人才培养模式改革创新"的重要建设之中。

在政策的指引下，学科竞赛至今已成为高校实践活动的重要组成部分。除了大型全国范围的竞赛活动之外，各个高校意识到提高人才竞争力的重要性，开始成立如创新协会、科技协会等多种形式社团组织和团队，定期和不定期地开展校园内部的科技发明和科技竞赛类活动，并邀请相关领域有一定学术研究成果的校外导师作为评委进行点评和辅导。但这一阶段的实践活动更多是从工科学生的素质教育层面上展开的系列活动，或是为了响应政府的号召，还没有上升到创新实践的高度。

随着竞赛活动的发展，全国范围内的高校已经初步具有创新实践建设的氛围，这一阶段的创新实践平台相对于之前零散的比赛活动方式更具有计划性。2015年，党中央、国务院和教育部多次下发文件，要求大学要积极参与推进人才的创新创业教育和创新实践。区别于传统的实践形式，高等教育机构需要开始创新实验室教学模式。一是以学生创新思维培训为主的教学流程，整个实验过程的起点是问题或者任务，在展开教学的时候紧密围绕实验过程和创新的想法。通过提供给学生更多可以自主尝试手段诸如多媒体、虚拟实验、演示实验等，实现网络实验教学和师生互动二者的结合。这种方式可以集中利用高校和企业以及政府的有限资源形成一定的局部优势，建立以学生为主体的产业研发基地，不仅可以通过引进创新项目鼓励学生和老师进行科技成果研发，还可以依靠园区的全方位服务和帮助将成果成功推向市场，逐步解决学生创新实践不足的问题。这一阶段的高校创新实践取得了一定成效。

这种创新实践过程将高校的智能资源与科技企业结合为一体，最大限度发挥高校创新实践平台的研究以及实践的功能，加快科学技术成果的产业化和商业化，确保大学的科学研究与社会经济发展紧密结合。这不仅是信息化社会对高校的要求，也是高校培养工程人才新要求的必经之路。

2017 年，为进一步推动高质量人才的培养，全国范围内的高校开始系统地建设人才培养的创新实践平台建设。通过重新构建人才培养的课程体系、优化导师队伍建设、打造学生创新创业管理平台、拓宽创新成果的转化渠道，在人才创新性的培养方面取得了一定成效。有不少高校创新实践平台的发展与当地地方经济与社会发展相适应，与地方产业结合，得到了地方政府的资金支持，显然，在全球经济竞争激烈的大背景下，人才的培养成为国家创新体系的重要力量源泉。

（二）平台建设已有成效

近年来，我国高校在工程人才培养的创新实践平台建设上取得了一系列的成绩，国家、企业、科研组织以及学校各方都有了显著的变化。

第一，在创新实践平台建设的政策导向上，我国许多高校尤其是理工科类大学已经明确发文开启对工程人才培养的创新实践平台建设。最为典型的优秀范例是清华大学建立的 x-lab 创新实践平台。由清华大学 16 个二级学院联合共建，并与各类与学校有联系的企业方建立了长期的合作伙伴关系。该创新实践平台成立以来，清华大学和社会各界已经有三万多名学生参加了由清华大学 x-lab 举办的各种讲座、比赛和社会实践。同时，随着清华 x-lab 的发展和壮大，其平台内注册公司的项目融资也非常多。清华 x-lab 不仅是北京市科学技术委员会授予的第一批"众创空间"，还被公认为"中关村（清华）梦想实验室"和"创新孵化中心"。x-lab 作为首例将创新实践与成果孵化合二为一的新型创新实践平台，为我国创新实践平台的建设提供了典型范例。此后，华中科技大学也加快了对创新实践平台的建设与投资，为本校机械学院、光学与电子信息学院等优势学科建设创新基地，成功申报了数个工科学生创新研究项目，并最终投票批准了超过 80% 的立项申请。

第二，对创新实践平台的政策导向和资金投入增长迅速，关于科技创新项目的运作上，我国许多理工院校都在校园内建立了创新项目孵化中心，并充分利用大学科技园来管理创新创业项目。这些举措对于开展学生的创新实践非常重要，并且在实际结果上也行之有效。相比之下，虽然美国许多高校实践平台在创新创业项目的成果导向上做得比较成功，但是，一些理工类院校中自建项目孵化中心或内部建有科技园区的尚不多见。目前，国外一些院校正在学习我国的这种做法，如北京理工大学的刘丽君博士在与斯坦福大学创业中心的教授交流时了解到，该校正在研究中国理工院校关于孵化器建设的有关情况，并计划在斯坦福大学也建立起类似的创业项目孵化器。

事实证明，我国一些理科高校在创业教育方面的一些成功经验已经引起了国外学者们的关注。我们基于其他国家创新实践平台建设成功经验的基础上，强调进一步的自主创新工作，这是学习利用他人经验所需要的科学态度。

第三，以上提到的我国在工程人才培养的创新实践平台建设上做得比较成功的理工科院校还非常关注工程专业教育与创新创业教育、其他跨学科专业教育的有机结合。如一些研究型大学在创新创业教育的课程设置上有针对性地使用新兴技术或专利技术进行实践的课程；部分教学研究型理工院校在对学员进行挑选时，不但重视学员个人的创新实践意愿，还对学员的跨专业知识水平和综合实践能力提出一定的要求，例如北京理工大学、武汉理工大学在开展创业实践活动时都非常注重依据本校工科学科优势和不同学科之间的融合。

通过总结我国理工院校创新实践平台建设所取得的基本经验，对于理工院校工程人才的培养和创新实践平台的建设意义重大。在高校创新实践平台的建设过程中科学地明晰创新创业教育的实施方式，是顺利开展创新创业教育的先决条件。目标定位准确，创业教育在理工院校中才能得到应有的关注和必需的投入，从而使理工院校的创业教育依托理工专业来开展，这就在一定程度上为抓住理工院校创业教育的关键创造了条件。

借鉴基础上的创新不仅满足建立大学创新创业教育国际视野的要求，结合多学科知识实际进行创新，还可以满足专业教育的创新要求。简而言之，我国高校建立创新实践平台为我国各个层次的院校的人才培养树立了科学的教学观念和科学发展模式创造了有利条件。

（三）平台建设存在的问题

自 2015 年以来，在国家的政策支持和高校内部需求的推动下，全国各地高校的创新实践平台建设迅速增长。在我国高校基于人才培养的创新实践平台建设取得一定成效的同时，也存在一系列问题。从全国范围来看，发达地区与欠发达地区的高校在建设平台过程中存在较大差异。清华大学、北京大学、浙江大学等知名高校已经发展了自身独有的基于工科学生培养的创新实践平台，积累了宝贵的发展经验；而有一部分高校由于其掌握的资源有限，建设进度缓慢，其平台发挥的作用不明显；甚至有一些高校对于平台的功能和管理缺乏科学的认识，认为高校对人才的培养应重视前端——理论教学，而非后端——创新实践。在这种观念影响下，高校创新实践平台的建设仅仅作为学校某个部门的工作，形式化严重。为了归纳在人才培养的创新平台建设方面存在的主要问题，笔者通过访谈和资料搜寻对此进行了概括，将理论与实践相结合对这些问题进行分析。

1.基础实践活动单一

丰富的实践活动是提高学生基础实践能力的重要途径，鼓励学生积极参加课外创新实践活动是专业教育与创新创业教育相融合的重要环节。学生以具有创新性的思维导向去进行科学研究、技术开发、工程设计等方法和技能的基本训练，可以充分发挥这种创新性实践教育活动的引导作用。通过访谈发现我国高校对于创新技术人才培养的重点实践平台活动建设近几年有不断快速增长的发展趋势，但从单个院校来看，虽然有部分高校对创新实践平台进行了一定规模的建设，但大部分学生并没有真正了解并参与其中。

此外，仍有部分院校尚未开始对平台的建设。我国高校对于创新实践研究平台建设以自建平台为主，依托校外企业和科研机构的较少。从平台实践活动的运行模式上看，高校创新实践平台仍以基于创新技术竞赛活动和创业活动为主，辅之以实验室实践实训的实践模式，致力于打造专业教育和创新创业教育融合，跨学科交流的实践平台类型较少。此外，工科学生参与创新活动的态度和程度不尽人意，受传统教学的影响，我国本科教育一般为四年，工科学生在入学之后的一到三年主要进行基础理论学习，难以抽出时间参加丰富的创新实践活动，当学生到了四年级，要么全力投入考研，要么开展实习工作，更无暇进行科技创新实践。部分科技创新项目也只分配给具有一定科研基础的研究生或博士生，这在一定程度上不利于学生创新实践能力培养。调查显示，对于学校或社会其他社团组织的科技创造比赛，能够主动报名参加，相信自己肯定会有发明创造的人数只占受访者的31.05%；想试试但信心不足的却占受访者的55.32%。在调查学生对于学术竞赛、小发明等有助于发展的创造活动的参加情况时，有时参加的占受访者的44.35%，很少参加或根本不参加的占受访者的42.27%，而经常参加的只有13.38%。

这些说明当代大学生的创新欲望急需得到激发，参加创新活动的态度也需要改善。

上述现象的出现，主要原因是学校整体资源整合能力的欠缺，无法整合现有各个学院之间的人力、物力、财力，使现有的创新实践平台更具有综合性、交叉性和集成性。一方面，部分高校认为建设各类创新实践平台只是一种行政管理行为，各个学院自身没有充分认识到创新实践平台对培养人才的重大意义，也并未结合自身学校特色找到适合本校学生发展的平台建设方式；另一方面，校园内创新创业氛围不浓厚，学生主体参加各类创新实践活动涉及的基础实践活动较为单一，活动覆盖工科学生的范围较为狭窄，除了个别由政府和学校牵头的大型实践活动之外，大部分工科学生并没有渠道了解平台提供的其他各类创新实践活动。

2.跨专业课程体系不完善

我国教育一直存在教学时长不足和教学压力过大的问题。随着信息技术的发展，知识的增长与更新速度越来越快，知识的半衰亡期短至3~5年。在这一知识更新十分迅速的时代下，高校以往的做法是增加课程内容和教学时间，然而这种课程体系的设置无法从根源上解决目前人才缺乏创新性实践的问题。根据目前我国教育培养体系来看，本科教学4年，研究生教学3年，可以说，一名普通本科学生很难在4年之内对本专业的知识进行系统化学习之外还对其他相关专业内容进行学习。归根到底，课程体系的设置尤为重要，然而目前我国对人才培养一直有着"重理论，轻实践"的问题，主要体现在以下两个方面。

一是课程内容方面。课程内容过分注重理论知识的学习，对实践的学习偏少；课程内容的传授方式上，偏专业知识的教学，对学生跨专业知识水平、创新思维的训练较少。当然，理论基础的学习是前提，但实际训练是核心、是重点，只有实践才能使学生真正学会如何用科学基础解决复杂的实际问题。在课程内容学习方面，以教师为中心的授课方式依然占主导，然而这种授课方式无法培养具有创新思维和跨专业实践能力的专业人才。除此之外，目前我国许多专业的课程内容更新速度慢于社会发展速度。以课程书籍为例，根据一项调查，有将近一半的受访者表示他们使用的专业教材是5年前出版的，有一些可能年代更为久远。这反映了我国高校中的管理人员在教材的更新方面并没有足够重视。然而，传统工程原理和生产技术，已早不能完全满足现代技术高速发展下对技术人才的巨大需求，不能完全满足对国外引进新技术、设备和先进生产线技术进行不断消化吸收再开发创新的技术需要。在课程内容的系统性上，理工科院校的各个工科专业课程之间衔接性还不够紧密，知识结构缺乏一体化，缺乏对知识的整体性把握。

二是课程结构方面。部分高校由于对学生面对市场需求的新要求没有清晰的定位，导致专业课程割裂了自然学科和社会学科。如现代高等工程教育已经脱离了狭义的工科范畴，不仅要培养学生工科领域的知识内容，还要培养学人文素质、经济管理、法律法规、创新创业等领域知识内容。目前，高校的课程仍很少涉及人文素质、经济管理、法律法规、创新创业等跨学科内容，忽视了社会学科在实际问题中发挥的作用。

3. 创新成果转化率不高

对于工程人才培养的创新实践平台而言，创新科研成果的转化是平台效益的最重要评价标准。我国许多高校也结合自身实际情况制定出台了一系列平台建设的制度规定，有力推进了高校科技成果转化工作的开展。但是，相对于大环境而言，我国大部分高校创新科技成果转化效率低下的局面并未得到根本的改变。据统计显示，目前我国高校从事科研开发的人员有七十多万，占全国科技力量的四分之一。

以大学为主体建设的国家重点研究中心和省级工程研究中心超过一百个，这些实验室每年都承担着国家级工程科技项目。根据有关部门公布的统计数据显示，我国理工科大学每年发表的工科论文数量众多，但只有不到三分之一的论文成果可以得到实际转化，转化之后能带来经济效益为社会发挥作用的成果更少。与此相比，欧美发达国家的大学对于创新科技成果的转化效果在经济发展中得以很好的体现，其差距主要在以下两个方面。

一是转化形式单一。创新科研的转化最终是通过产教融合发展，形成集教育、科研、产业一体化发展的平台。然而目前我国高校许多实践平台在与企业合作的过程中，大多数是帮助企业解决技术需求，科研成果转化率并不高。从转化整体过程来看，科研成果转化和运作过程中存在较多的松散状况，一个环节与下一个环节之间的进程可能会停滞很长时间，导致一个成果的转化周期过长或失效。从成果转化的中间发展阶段来看，转化方式习惯性地采用原有方式，具体工作细节往往仅停留在表面。在实际成果的运作过程中，大量的科研项目以政府部门为主导，以公司、高校、科研机构主导的科学技术项目较少，使整体发展失衡。

二是转化条件欠缺。首先，高校创新技术成果转化的管理体系不健全，严重制约着科技成果转化和产业化，使大学难以获得行业人才资源优势，因此无法满足市场发展和技术产业化要求。其次，科研成果的转换是需要多方做充分的准备和沟通协同完成的，我国部分高校的科研项目引进校园之后，科研团队老师将其任务分配给学生，但由于信息搜集得不全面，导致一些项目和课题没有进行充分的市场调研和论证分析，不能很好把握市场和行业发展动态，使科技成果难以实现有效转化，并应用到生产实践中，降低了高校科技成果转化的效率。最后，高校科技成果转化缺少必要的政策支持和资金支撑。政府在大学科学技术成果转化过程中发挥着重要作用，政府的支持力量决定了是否可以为创新科技成果的转化创造良好的环境。当前，我国政府虽然意识到作为全局引导者在协调高校与企业和科研机构之间关系的重要作用，但地方政府的教育资金有限，对科技成果转化的意识不强，对科研成果导向力度支持也不足，除此之外，对创新成果转化的渠道打通效果也不好。这种科研创新成果导向机制严重影响了高校科技成果转化的市场化进度。

第二节　国外高校大学生创新创业实践平台建设的经验借鉴与启示

一、国外一流大学创新实践平台的基本特点

对国外一流大学基于工程人才培养的创新实践平台建设进行相关的文献分析，归纳出以下三个基本特点：

（一）平台功能一体化

美国大学创新实践平台的本质是实现平台的一体化综合发展。教学实践活动和科研实践活动的辩证结合是美国高水平大学的主要标志，这种特点就是将平台集教学实践、科研实践、创新实践于一体，充分发挥平台在促进工程专业人才知识技能扩充、创新意识和实践技能的拓展等方面独特而重要的功能。我国传统高校会将教学与科研等学术活动以各个院系为单位进行，这种组织形式，不仅使资源分散、增加教育成本，还会使各个学院信息沟通不畅，缺少整体性，不利于发挥高校各个学科的优势。斯坦福大学的创新实践平台都是各个高校综合自身的学科特色、专业特色、师资特色而打造的有利于探索性、创造性工程人才培养的组织。在这一工程人才培养的实践平台下，汇聚了全校各个专业学科最优质的教学资源、最齐全的科研设备与场所，运用了基于创新思维启发、创新精神导向的平台模式。为高校进行教学实践、科研实践以及创新成果导向创造了新范式。在这一新范式的导向下，一体化的创新实践平台建设模式由此产生，使工程人才培养模式与传统的教学模式相区分，实践模式是教学实践与科研实践的基础，是培养工科学生创新创业能力的主要依托。平台功能的一体化促进工科学生创新人格发展、实现知识和技能的综合发展以及创新意识和实践能力的培养，使工科学生在实践学习中联系理论，在专业学习中联系创新，在创新学习中联系市场需要，形成一个良性的生态链条。

（二）平台资源共享化

在麻省理工学院工程人才培养的创新实践平台的建设过程中，首先是对各个学院的教师资源进行共享，尤其是丰富了创新型教师资源，充分吸引校外科研高层次人才和企业家，形成了一支高水平科研创新团队，其中大量的教师已经是一些重大工程项目的首席科学家或主持人。其次，畅通学院与学院之间的联系与信息传递，以实践活动基地、科研活

动资金、创新项目的共享为桥梁，形成资源共享的平台发展模式，减少不同学院对同一类型实践活动的人力、物力的投入。通过麻省理工学院在师资队伍建设的做法，可以推断工程人才培养的创新实践平台是本校先进设备、顶尖人才、优质教师的聚集地。与此同时，麻省理工学院内许多创新实践平台的最大优势就是该平台具有开放性和包容性，为全校师生提供了一个共享的平台，实现了有限资源的充分利用。高校的创新实践平台鼓励并吸引了工科院校学生、科研人员主动参加，跨学科进行合作探索和研发，面向国内外的开放，吸引来自不同部门和组织的研究者参与项目研究和技术研发。

每所大学根据其自身的办学特点、学科优势和文化底蕴构建符合自身特色的创新实践平台，构成大学科研、教学、管理、设备、资金等要素相互作用的载体。通过有限协调各个学科建设、团队建设和科研实践，整合相关领域现有的资源，优化资源配置，建立共享平台，实现人才跨学科学习的资源充分共享，促进学生的技术创新，使平台能够发挥单个要素没有的功能，有效提高学生的核心竞争力，从而更好地应对市场对重大技术的创新需求。

（三）参与主体多元化

高校内创新实践平台的建设本质上就是为了培育符合当今社会要求的优秀人才，尤其是工程专业的优秀技术人才，从而聚集促进国家经济的转型发展所需要的资源。美国斯坦福大学的创新实践平台的搭建和发展离不开政府的干预、市场推动和科学规划，需要多方面的力量共同完成平台的建设。

一方面，平台将主要面向当地经济发展提供服务，并根据所在地区经济发展计划和市场人才需求因地制宜。另一方面，政府、企业、高等院校之间形成长期协调合作机制。例如以项目为主要代表的孵化基地在斯坦福大学纷纷涌现，其中最具代表性的硅谷获得了国际社会各界的普遍关注和支持。高校创新实践平台建设的不断加强和深化，具体表现在以下几个方面：一是政府、企业、高等院校之间形成长期协调合作机制共同管理。政府部门一方面通过对高等院校和科研机构进行投入，另一方面又通过立法允许高校、企业及其他非营利性组织积极参与到项目的建设中去，为工程专业技术人才的自主创新能力和水平提升打造沃土。二是主体多元化的运作模式。美国著名高校中的创新平台的设立并不是简单符合政策标准的组织和机构，而是与企业平台类似，根据市场经济和大环境的变化对自身创新实践平台的服务不断进行调整的运作机制，保证平台发展与经济发展相匹配。在这一高效的运作模式下，工程实践更具有创新性和适切性。三是行业协会和基金会等非营利机构提供的重要支持。美国设立了一个国际优秀企业组织孵化技术协会，每年6月都会定期举办一次各个协会之间的年会，以此来表扬优秀的企业组织，提供国际沟通交流的良好平台。

二、教学实践层面分析

教学目标与人才培养目标的实现需要依托合适的载体，在高等教育中，教学实践平台是实现人才培养目标的基本载体，开发符合现代工程实际的工程教学实践课程是实现培养目标的关键。

（一）课堂教学分析

教学的基本形式：课堂教学层面，美国欧林工程学院领导了针对工程专业学生的课程系统的创新。基于对"工程"和"创业"的新界定，将工程这一概念解释为科学技术制造、市场行情分析和社会环境影响等多方面的活动。

这一定义改变了大众对传统工程定义的理解，拓宽了人们对创业的认识。在此基础上，为了满足产业发展的需求，欧林工程学院提出跨学科的教学理念即著名的"欧林三角"课程体系。这种课程体系的教学理念就是在工程教学的基础上，融入创新创业教育和人文社会艺术教育，以全方位培养工程人才，使他们可以认识到世界的复杂性和产业发展趋势的综合性，从而更好地解决复杂的工程问题。

在这一教学目标的指导下，欧林工程学院所有工科专业学生都面向一组共同的课程，课程由相互交叉融合的五大模块组成，分别是工程模块、工程大类课程中的设计模块、数学与科学模块、人文社会科学模块和创业模块，以服务于现代工程专业实践。其中，工程模块旨在培养学生的工程基础和深入严谨的工程专业知识，并将工程原理的使用及其使用环境联系起来，实现知识与技能的整合；数学与科学模块旨在为学生提供对科学与数学的概念理解，同时该领域教授的基本思想与技术也是工程课程开展的基础。人文社会科学模块与创业模块旨在将工科学生培养成一名具有多方位视角、能对世界发挥更大影响力综合型工程师。此外，在实施教学实践的过程中，欧林工程学院几乎每一门课程都采用各类型实践体验方式，还有一些课程开展方式是在课程内部采用团队形式进行原理的应用，即前半部分侧重于个人的学习，后半部分侧重于团队合作项目实践，团队项目涉及测量、数据采集、数据分析的实验。

（二）实践教学分析

实践教学层面，一是将实践教学作为课程教学体系的重要一环与课程教学相辅相成，核心课程和必修课程是工科学生必须学的专业课程，包括工程专业课程以及数学、物理、化学等课程，选修课程是学生在创新、企业家精神和包括品格在内的培养计划之下自由选择的课程。在上述几个课程部分中，实践教学课程均占有相当的比例。以专业必修课为例，总共 64 学分，实践技能教学的课程就占了 36 个学分，分别是：设计与制造、实验与技术交流、技术选修课程、相关技术课程。

二是进一步强化课程建设的综合性。以斯坦福大学工程学院为例，斯坦福大学工程学院的课程由学校认可课程和专业课程两大部分组成。此外，斯坦福大学的学生如果想要学习难度与深度更大的课程，则要通过学生的个人申请和学校的批准。学校认可课程包括五个方面的要求：数学要求、自然科学要求、技术应用于社会的要求、工程基础要求、实验要求。按每个方面的要求学校开设一定的课程选择平台供学生选择，并规定了具体的学习内容。

三是重视课外实践活动，以麻省理工学院为例，主要通过以下几个计划来进行：①本科生研究机会计划，工科学生可以参加研究项目、项目设计、研究实验等活动。同时，不同的学院还将在课程体系中设立新的专业，并及时更新工程教育内容，使其与市场发展需求相匹配。②本科实践机会计划，即学校与工业企业结合组织学生参与工程实践。③技术创业计划，指学生参与创业计划比赛。上述课外实践统称课外实践，学生自愿参加，累计总时间可能相当于全部课时的三分之一。

在这种实践教学的模式下，充分发挥了工科学生主动参与学习的能力，给工科学生留有充分的主动参与的机会。美国大学提供的企业实践管理课程及其教学内容丰富，有讲座、讨论、辅导、实验、案例分析研究和企业项目管理探索问题研究等，我国许多高校都可以借鉴并实施。除此之外，美国大学的工程专业课都含有重要的创新实验内容，而我国工科学生在实践能力和创新能力上较为薄弱，可以通过对课程内容的改革提高工科学生在独立完成实验的过程中的创新思维和实践能力。

三、科研实践层面分析

科研是在任何学科范围内，在教师的指导下进行的为学科知识的发展而进行的研究、发现和创造性的活动。可见，教师在人才科研实践能力的培养上起着举足轻重的作用，以下则通过对国外科研团队与科研转化能力的文献资料的分析得出以下结论：

（一）科研团队建设分析

创新实践平台可以通过对教师资源的聚集、科研设备的提供将科研能力更好地转化于学生，而在培养工人才科研实践能力的过程中，不一定教师专业能力越顶尖越好，也不一定是招聘越多种类的教师越好。

在美国，许多高校都采用开放和互动的实践平台管理模式。这种模式不但吸引了许多企业家和风险投资家参与学校实践活动，而且吸引了其他行业的知名人士和科研机构人员参与高校工程教育实践。最为常见的是以邀请校外企业家担任导师参与创业者年度大会或者创业论坛等。

以跨界视角建立科研团队。以斯坦福大学为例，一直奉行并推行的校园文化是学界与工业界的结合，可以说，没有斯坦福大学也就没有今天的硅谷。斯坦福大学知名教授 Jure Leskovec，作为计算机与科学这一学科的教师，不仅参与上市公司的管理工作，也是一些知名慈善协会的首席调查员；还有许多工程科研专家与教授离开学界投入工业领域之后，过一段时间选择回到学校继续进行科研。对于教育者来说，在多个行业与领域中转换，有时会获得更多的启发与灵感，以亲身经验为教学材料进行指导，可以更好地做到学术界与工业界的连接，也可以使高校科研的科研实践更符合产业发展。此外，许多大学每年还邀请创业企业家来演讲、出席各种论坛等。

教师之间跨学科密切合作也是美国一流大学科研团队的特色之一。扁平化的科研团队组织结构使所有教师包括工程师、科学家、数学家、设计师、企业家以及人文学科的教师并不隶属于某个特定的专业，而是在同一个部门——教务处，许多科研项目由不同学科中的教师共同研发和教授。同时，续约合同制而非终身制的教师聘任方式也进一步加剧了教师之间的合作创新。我国理工科高校教师组织结构较为单一，师资团队内缺乏多样性是教师合作创新能力较弱的原因之一，可以通过引入国内著名科学家和企业家进入大学课堂来改善这一问题。

（二）科研能力转化分析

教师科研能力是否能转化于工科学生，除了拥有一支强大的科研师资队伍之外，还需要结合校园活动，发挥学生的主观能动性，通过丰富的第二课堂形式加以补充。麻省理工学院校园中与创新和企业家精神有关的科研活动不仅层次多，范围也很广泛。创业俱乐部及创业竞赛是麻省理工学院创业生态的重要组成部分，在继承麻省理工学院的创新精神与企业家精神方面发挥着重要的作用。

我国目前兴起的众创空间与此创业俱乐部的发展轨迹略有类似，在管理方面，该俱乐部不需要学校与学院的审核与管理，可以直接由本校学生自主创立，该俱乐部也主要由学生负责管理，俱乐部可以进行科研项目研讨，也可以进行创业项目研发，还可以进行创新类的竞赛，其中成员有教师、资本家和企业家等，目前此俱乐部已建设超过 20 个。创业俱乐部与创业类竞赛举办的周期为一年，有各种不同类型，如电梯演讲竞赛、执行纲要竞赛和商业计划竞赛。

学生可根据自己的需求和兴趣自由组队参加，或者邀请校内外不同领域和专业的小伙伴一起报名组队，大胆地研究和开发自己的创业方案，享受由学校组委会提供的一整套资源。斯坦福大学的创新科学研究实践主要分为以下两类：一是以企业家创新科学技术类活动竞赛为主导，以培养学生跨学科专业能力的实践和以企业家精神为主导的创新能力为辅的实践活动；二是以基础工程实训练习为主导的学术研讨类活动。斯坦福大学的创业挑战赛、斯坦福社会创业挑战赛以及斯坦福社会实践挑战赛赢得了全校学生的青睐，汇聚了来自各专业的学生。

这两种创新科学研究实践活动，一是以项目实践、竞赛实践为依托，引进校外企业资源实现创新科研能力向工科学生的顺利转化；二是从实践教学角度出发，通过跨专业的学习和实践实现工科学生基本工程实践能力向科研水平的转化。

四、产学研结合层面分析

美国作为最早提倡科研成果市场化的国家之一，在多年的科研成果市场化过程中，取得了显著的优异效果。在过去的几十年中，美国高校科研成果市场化比例及资金收益均位于世界领先地位。

（一）产学研模式分析

创新实践平台的建设可以促进政府、高校、企业、研究机构之间的联系与沟通。设立以项目合作、产业联盟平台、以工程人才培养相关的各个关联主体协同共建的方式，可以让工科学生融入市场，对于大学来说，是一种知识与经验的"丰富"而非"分心"，这也被美国著名大学视为工程人才培养成功的关键因素。作为面向工科学生的实践平台，通过产学研建立的硅谷，为许多大学生，尤其是工程专业学生提供了广泛的实习实践平台。在硅谷，许多国际知名科技公司在进行新的产品与技术研发时，都与让具有一定技术知识基础和科研实践能力的工科学生前往学习，特别是临近毕业的工科生。这种与高等院校的合作，使教师能够通过课堂教学结合实际行为和产业开发的需要，指导学生进行现场研发、工程设计、产品设计和研究生毕业论文的设计。学生毕业时，学校还会邀请相关专业领域的企业家和学校教师一起组成评审委员会。以科技前沿视角评判学生科研成果的优劣。

美国科研界与教育界也在努力培养工程毕业生符合第四次产业革命下未来工程师的要求，重点强调如何运用科学的教学体系与课程模式使工科学生适应未来产业对其专业的需求，以及如何将工程教育中教师能力标准与多种教学方法相结合。许多美国的工程协会，从专业角度到培训计划再到教育体系都与高等教育机构建立了合作伙伴关系。美国政府对校企合作也给予了应有的重视和支持。美国科学基金会自 1971 年开始，陆续制订了一系列促进产学研合作的计划，如"大学工业合作研究计划""小企业等价研究计划""工程研究中心计划"等。

这些计划和项目的实施使基础研究、应用研究和工业的未来发展密不可分。认识到工业研究在美国工业发展的重要作用，美国州政府实行大力支持工业研究的政策，促进产业与高校的连接，因此高校研究院也成为很多美国企业的标配。

（二）创新成果导向分析

产学研的有机结合不仅是为了更好地进行人才培养，也包括科学研究以及成果的转化等方面。在创新成果导向上，首先，在美国，大学内研究机构把创新成果转化工作纳入绩效考核中，因此许多大学均设立了各种形式的技术转让与管理模式。这些机构不但能够为客户提供专利营销、中介服务等，而且已经建立起一套健全的成果转化体系，因此各类机构都是可以通过网络查询得到与其相关的资料，为企业、科研院所和高校选择研发方向及为客户提供技术转让的机会进行了充分的准备和保证。其次，有相当大数量的技术管理人员有双重甚至三重教育背景，能够将企业和高校两方联系起来，为高校科研成果的市场化导向提供了有力保障。最后，在地方政府层面，虽然高等院校保持了对自主创新型科研成果的支持和控制权，由于这种做法即使高校能够拥有自己的专利发明权或知识产权以及一个可以独立地直接进行科研成果市场化的授权，政府不需要参与科研成果市场化的具体流程，仍然可以通过地方政府的激励和监督引导直接进行科研成果的市场化和转换。这种做法既保持了政府对资金的控制也保证了对高校科研的宏观控制。

除此之外，高校与各级政府设立众多的产学研合作项目，旨在加大各地区内大学、企业和投资机构的合作，部分地区还设立了风险投资，鼓励风险投资参与科研成果转化，为企业和高校共同创造市场利润。对于部分在国外的科研成果的技术转移方面，美国高校利用与当地大学的合作开展技术转移，充分发挥了科研成果的经济效益。

第三节　完善高校大学生创新创业实践平台建设的对策

从我国高校角度来看，第一，应扩充创新实践平台建设的基本模式，增加平台的广度与深度，使其覆盖学生基础实践活动的需求；第二，应着力为现有的创新实践平台进行资源的整合，使其更有效地开展跨学科实践活动；第三，应加强创新实践平台的内外联动，促进产学研的深度融合。

一、加强创新实践平台模式建设

（一）更新平台建设理念

正确的理念对活动的指导有着极其重要的意义。在当今世界，科学技术正在取得快速进步，国际竞争也越来越激烈，工程教育需要与时俱进，以培养能在世界科学技术竞争中取得胜利的工程人才为前提，为我国科技进步提供人力和智力的保障。选择正确的目标要比选择正确的系统重要得多，选定错误的目标就是错误地解决问题，而选定错误的系统只不过是选择了一个非最优的系统。

像任何目标对于它的系统那样，在创新实践平台建设中，平台基本建设理念也同样至关重要。工程教育的最终愿景是要培养能够认识工程、实践工程、创新工程的顺应时代发展的优质工程师，要实现如下目标则基础实践能力、跨学科专业能力以及创新创业的能力三者缺一不可。对于课本知识的学习和理解虽然在课堂教学中可以得到一定的实现，但这主要属于理论教学的核心内容，在工程人才新需求导向下最为主要的是培养理论知识以外的工程专业实践能力和综合能力，这是对理论教学的一种补充和升华。而工程教育的重点是工程实际，所以在培养工程人才时，应把实践放在更高的位置而非理论知识教育。因此，创新实践平台建设的理念是非常清楚的，就是要培养毕业后能到工业生产线从事一线工程技术工作并可以将以人工智能等新兴技术运用于市场的工程人才。

重视工程人才培养的基础实践能力不应该只是停留在口号阶段，更多是要在具体行动上体现出来。一是合理安排课程计划，在实施教学方式中突出实践教学活动这一环节的核心地位，知识是无尽的，但知识的获得途径是多样的，课程学习知识学习的一小部分，更多需要依靠实践来学习。二是打造跨学科的专业教师团队，完善创新实践基地建设。简而言之，无论是教育教学计划还是特定的软件硬件设施，都需要切实地为平台建设搭建健康科学的生态链。

（二）改革教学实践模式

关于平台内实践教学模式设置，第一，要重视第四次产业变革背景下新兴产业对教学实践结构的影响。随着大数据、智能化、物联网、云计算等技术的发展，这些新兴领域会逐渐开始进入高校之中，成为相关学科并成为未来专业发展的趋势。在这一时代背景下，我国高校工程教育承担着为国家和产业培养新型人才的重任。面对新的要求，创新实践平台必须要根据产业发展趋势革新平台实践模式，例如在教学实践体系的设置上，按照信息时代的思维方式，不仅需要对常规工科专业的培养计划做一定改变，对相应的课程体系也需要重新进行构建，以满足第四次产业变革下对人才的需求。

第二，注重实践课程的构建。工程人才的培养，理论知识的学习固然重要，但不能忽视实践课程的重要性。实践课程与理论课程是互相依存、互相作用的关系，实践课程可以反作用于理论知识学习，并以各种实践活动的形式充分让工科学生认识世界、发现世界，是提高工科学生综合素质与创新思维的重要途径。还要充分发挥第二课堂的科研反哺教学的作用，包括拓展培训、创新和创业计划竞赛、社会实践以及企业家论坛等活动形式丰富课程教学。这些形式多样的活动与课程体系的学习内容相互交织，形成健康的课程生态系统，对于扩充工科学生的学习经历和实习经验起到积极的促进作用。课时比例的科学合理规划也是发挥实践课程作用的重要途径之一，其次，除了必须定期开展的学科专业课程教学实验外，综合性、创新性和综合研究性教学实验室还应尽快成为学校实践教学课程的主要组成部分，使其在课堂上的学习作用能够充分发挥；最后，在基本完成每个学科课程教学模块的各个课堂教学实验任务后，应设有一个综合性教学实验或综合实践教学环节，以有效促进各个课程教学模块中各门学科课程基础理论知识的有效化和应用。

第三，重视创新创业课程建设。"知识社会"在经济本质上属于知识学习型经济社会，知识经济需要开发的不是人类机器的驱动力量，而是人类大脑的驱动力量——它是思考的驱动力量、学习的驱动力量、创新的驱动力量。知识性、创造性和独特性已经是当今人们所需要做的一切事情的核心本质。

建立跨学院跨学科的高校创新实践平台，准确合理定位高校创新实践创业教育在这一实践平台建设中的重要核心作用，区别于以往建立形式不同风格的高校创新实践创业教育课程，建立以工科学生创新思维开发为目的的课程，并融入到工程专业课程之中以培养学生的创新能力。

二、加强创新实践平台资源整合

（一）建立平台共享机制

平台的资源整合能力建设是完善高校创新实践平台建设的重要举措之一，也是提高平台效率与功能的重要源头，大学需要建立一个有效的平台共享机制，打破大学内部不同专业之间的沟通障碍，实现实验性资源整合。将分散的学科教学资源、资金技术资源、空间技术资源、人力资源，构建成一个面向多层次学科、专业的科学创新技术实践交流平台。一是可以有效实施分工合作，确保创新实践平台的秩序和资源的有效利用。由高校主导的创新实践平台共享机制依赖于每个学科，以跨学科、跨空间的形式对资源进行共享，例如知识共享、设备共享、人才共享等。二是可以形成良性运行机制，不同类型的平台组织形式可以发挥不同的功能，开放的资源共享机制可以发挥不同学院的专业优势，实现对教学、科研乃至校外实验室的统一规划与管理，为平台活动的实施与科学研究提供全方位的保证与服务。三是通过建立平台共享机制，建立适合培养创新工程人才的实用体系，为工科学生自主学习和实践创造充足的环境与条件。以资源共享促进工程人才培养目标的协同，统一规划完善平台管理与建设。

（二）整合科研教师团队

从科研能力转化者：从工科教师的角度来看，应以不同的教学方式将其拥有的创新思维与企业家思维整合到工程学生的科学研究实践中。目前人们对企业创新者和创业人才教育整体构成能力要素总体认识的不同，所以把企业创新者和创业人才教育的培养重点分别放在创业师资队伍培训上就尤为重要。此外，学校内进行科研教学的教师应及时更新自己的知识体系，把握全球市场动态，了解国家政策导向，知道教授何种知识，培养工科学生的何种能力可以切实地帮助他们提高自身的核心竞争力，在就业压力较大的市场中脱颖而出。

从科研载体：创新实践平台而言，应注重其"协同"性。传统学术组织的缺点是较为封闭的科研环境和较为严格的科研程序，这一环境不利于跨专业资源的整合。随着第四次产业革命背景下信息社会的到来，现代大学应该是集科学技术研究与教学实践活动于一体学术组织，而实践平台的建设应是这一学术组织基本功能的集中体现，尤其是平台建设的开放性。因为没有一个大学能包含所有的专业，或者包罗得尽善尽美而具有足够数量的亲密的学术同事，学者们相比学术上的独立，更喜欢聚在一起，这种聚集是特别有效能的环境。这说明，工科学生的科研能力的培养仅仅依靠本专业的导师培训很难得到质的提升，相当程度上取决于各类合作机制的发展。

一方面，在我国的高校中对工程人才进行培训必须要打破原有院系和专业之间的障碍，将原来的刚性专业科研模式转变为合作式科研模式，由多个专业师生共同完成一个科研项目，促进科研实践的横向与纵向共同发展；另一方面，为了提高教师的创新能力，有必要采取多种方法，建立一支创新的教师团队。例如高校推进创新创业学院的建设，聘请企业家、科研机构科研人员、企事业机构专业人员担任第二导师，为工科学生提供个性化、深入化的指导。

三、加强创新实践平台内外并举

（一）完善产学研合作模式

根据当前产业背景对工程人才的新需求，应推进一体化的产学研实践合作模式。

第一，应该发挥政府部门的支持和引导作用，不断呼吁高校和产业双方重视彼此合作的同时，牵头组建校企合作培养工程人才的产学研实践平台，做好协调作用，并为双方的合作提供法律保障、政策引导以及经费支持。由于政府对当地的经济发展情况十分了解，则可以根据企业对人才培养的需求、就业需求和行业背景，集合区域产业资源和区域周围高校资源构建围绕工程人才培养的创新实践合作平台以促进更多学校和企业进行合作。

第二，高校内部自主设立产学研中心。产学研的结合不仅可以满足不同方向的培养要求，为每个工科专业安排具有本专业特色具体实践项目和活动方式，还可以集中教学、研发、服务于一体，使大部分学生的实习、实训、实践均可以在此中心得到很好的训练。该中心完成教学功能后，还可以与有关部门合作，申请国家或地区科学技术项目，项目由导师领导形成研究小组，并加深与科研院所的合作，为提高工科学生的时间技能提供了良好的社会和市场条件，为产学研的深入发展提供了积极的动力。

第三，发挥企业，尤其是中小企业的创新关键作用，共同努力建设企业创新发展平台。虽然目前许多企业和科研单位已经开始重视科学技术的基础研发，逐步在市场上拥有一定的核心竞争力，但企业本身的自主创新能力明显不足，只是通过引进核心技术并不是长远之计，应与高校合作共同建设一批企业创新服务平台，从自身基础创新科研水平的提升做起。创新企业实践中心平台可以充分立足企业自身人力资源管理优势、物力资源条件优势与其他企业进行合作并共建国家科技技术创新企业研究实践中心。工科学生直接深入接触企业生产技术领域过程中的各类企业科技创新问题，使企业科研创新实践更加具有针对性。

（二）推动创新成果导向

高校是创新成果的富裕之场所，也是我国创新技术的主要来源之一，其中产学研实践平台作为科技成果有效转化的重要途径，必须充分发挥其成果导向的功能。

首先，应建立长效的成果导向机制，着力解决高校创新科研成果与产业需求脱节的问题。紧跟第四次产业革命发展动向，由原来比较注重重大项目投资合作、科研开发服务向加强协同推动创新、联合投资共建国际大学城和科技园、成果迁移转化创新基地等更加深入精细化的产业方向快速发展。

其次，科研成果的有效转化导向是一项系统性的基础工程，这决定了高校创新实践平台应针对不同的学科特色建立新型科研成果导向渠道，实施切实的产学研运行机制，适当划分产、学、研的功能区域，实现三者的有机统一。此外，还要从产品技术的研发到成果转化的各个环节发挥市场的导向作用，政府发挥其导向作用，实现产业与科研的统一，社会效益与经济效益的统一。大学还要加强与政府、企业的协调与合作，为大学学术界与市场产业界的研究合作和创新成果的转化提供优质的服务。

最后，有必要继续深化国家科技成果应用评价管理体系机制改革，建立多种成果评价体制方法。针对当前高校开展科技成果鉴定评价中普遍存在的突出问题，深化科学评价工作制度结构改革，淡化高校科技成果资格鉴定评价观念，运用先进的、多种形式的成果鉴定评价工作方式，提高高校科技成果鉴定评价的工作质量。对高校立项创新科学研究成果评估应严格参照相关国际学术流行标准管理，通过在国内外知名国际学术刊物上的发表或国际学术会议上的学术交流，由国内同行权威专家设计客观公正的技术评价评估方式；对尚未列入国家级或省市级的其他应用性高新技术成果，由高校立项工作单位负责组织相关行业权威专家或第三方技术评价评估机构对其进行技术成果鉴定；对高校与相关企业开展合作的其他应用性高新技术成果，要求所有相关企业根据实际综合应用成果情况做出综合评价。

第七章 提升策略之三：培养大学生创新创业精神

第一节 大学生创新创业精神的概述

研究高校大学生创新创业精神的科学内涵，将大学生创新创业精神培育渗透到高校教学的始终，不断加速其流动、应用、改革，领会大学生创新创业精神内涵并逐步深入应用于高校育人模式中，有助于提高高校毕业生的自主创新创业能力。

一、创新创业精神的相关概念

"创新创业精神"从字面上可以看出创新创业精神内涵研究的准确性、科学性、完整性取决于对创新、创新精神、创业、创业精神内涵的理解，以下从创新内涵、创新精神内涵、创业内涵、创业精神内涵四个方面阐述创新创业精神的相关概念。

（一）创新、创新精神的内涵

"创新"词汇起源于拉丁语"innovatus"，意思是制造新的东西、改变旧的东西。在我国"创新"这个词在《南史·后妃传上·宋世祖殷淑仪》中曾提到，是创立和创造新的东西的意思。在特定环境中，为满足社会需求而创造或者改进新事物行为。创新的本质是事物发展的结果，而创新又是一个新事物产生的过程，即创新本身是一个结果，又是一个过程。创新不同于创造，创新可以是从旧事物中进行改造，而创造是"无中生有"，产生的是全新的事物。创新对社会的发展具有重要的意义，有了创新，社会才会不断发展、更新。现阶段十九大提出的坚定实施创新驱动发展战略，是对创新重视的体现。对于创新精神，吕俊杰认为，创新精神可分解为"敢于质疑、敢于批判的精神；尊重知识、尊重科学的精神；勇于探索、不断开拓的精神；百折不挠、乐于奉献的精神"。创新精神是指运用现有的知识，在特定的环境中，发现和认识有意义的新知识、新思想、新事物、新方法的信心、勇气和智慧。创新是一个过程，而创新精神是这个过程中的不竭动力，创新精神是人的主观能动性的体现，创新者的道路上充满了艰辛、徘徊、挫折，付出大量精力和极大的努力，持之以恒、坚持不懈就是创新精神表现。创新精神是中华民族优良传统，将创新精神这种伟大的精神延续下去，需要每一个青年人的不懈努力。

（二）创业、创业精神的内涵

复旦大学郁义鸿教授认为创业是一个发现和捕获机会并由此创造出新颖的产品、服务或实现其价值的过程。创业从本质上讲是一个创新的过程，创业者以获利为目标，在限定的环境内，开展的一系列的经济活动。创业可以推动新的发明、产生新的产品、涌现新的服务和需求，从而提高整个国家的创新实力。时代呼唤创业者，时代造就创业者，在我国创业已经成为越来越多人的选择，当代大学生作为新时代的主力军，更应该用自己的聪明才智开拓未来，自主创业，发挥主观能动性，提高自己的综合素质，实现成功创业。创业精神是指把创新理念转换为创新实践的思维意识。创业精神要以创新精神为指导，创业精神有助于激发创业者的激情，培养具备创业精神的大学生是高校素质教育的一项重要任务。党的十九大报告指出："激发和保护企业家精神，鼓励更多社会主体投身创新创业。"目前我国大学生的就业压力十分严峻，需要培养具备创业精神的新型人才，培养大学生创业精神促进了高校创业水平的提升和社会经济的发展，是高校培养创业人才比较理想的渠道之一。

二、大学生创新创业精神的具体内容

大学生创新创业精神概念提出得相对较晚，而学界以创新精神、创业精神等相关领域的研究为主，随着高校的毕业生逐年增多，大学生就业压力与日俱增，国家明确提出大力推进创新创业教育，大学生创新创业精神开始逐步受到相关学者的研究，社会经济持续发展的原动力，以此为出发点，以下从以锐意进取为核心的创新精神、以求真务实为基础的奋斗精神、以团队协作为前提的合作精神、以开拓进取为动力的冒险精神、以肩负责任为使命的担当精神五个方面阐述大学生创新创业精神的内涵。

（一）以锐意进取为核心的创新精神

大学生创新创业精神的灵魂是创新精神，关于创新精神的要素，颜晓峰认为创新精神的要素有批判精神、科学精神、开拓精神及自主精神。创新精神是敢于质疑旧事物的思维方式，是社会发展的不竭动力，是国家发展进步的源泉，具备创新精神也是大学生成长和发展的重要条件。随着全球化经济的突飞猛进，在党的十九大报告的召唤之下，创新精神在我国将是一个永不过时的话题，在我国"大众创新，万众创业"社会背景下，创新型经济已经初见端倪，培育创新型高等人才，创新精神起到显而易见的作用，大学生创新创业精神的内涵重要的一项就是锐意进取为核心的创新精神。如美团网的联合创始人高校毕业生王兴，历经了校内网、饭否网两次失败后，眼光独到，善于创新的他于2003年首创美团网，在激烈的竞争中脱颖而出。大学生创业者王兴的美团网，其成功的重要原因是自始不断地进行创新。综上，大学生创新创业精神培育要以"创新精神的培养"为阵地，为中华民族的伟大复兴提供宝贵的人才血液。

（二）以求真务实为基础的奋斗精神

奋斗精神是我国人民的优良传统，也是我们党的一大优良传统，中国抗大在教育原则中规定，要注重品德锻炼和道德教育，要求学员在学习、工作、生活中践行艰苦奋斗、刻苦奉公，不怕牺牲的精神。奋斗精神是勇于斗争的精神，顽强克服困难的精神，在逆境中奋发向上的精神。大学生创新创业精神的依托是奋斗精神。大学生大力弘扬奋斗精神、大兴艰苦奋斗之风，十分重要而紧迫。从艰苦奋斗的角度来看，随着我国综合国力的提高和经济的发展，人民生活水平有着巨大改善，当今大学生相当于温室中的花朵，安逸的环境使一部分大学生出现了缺乏奋斗精神的现象，"缺少奋斗精神"的高校大学生是很难融入到社会就业的大环境中去的，少数大学生在创新创业初期获得了一定的成功之后，出现了自我满足、自我停滞的现象，这是一种缺乏奋斗精神的表现。奋斗精神使人一步步接近自己的创业设想，是莘莘学子实现梦想的推动力。

（三）以团队协作为前提的合作精神

大学生创新创业精神培育的重要一环是培养高校大学生的合作精神，创业者寻求团队合作的重要目的就是弥补自身的不足，《寄兴》中有文"黄金无足色，白璧有微瑕"。一个人的能力与团队相比是微不足道的，当今大学生如果没有合作精神，成功创业非常困难，很多创新创业成功案例的背后都有一个团队在起着重要的作用，创业英雄的背后都站着一个强大的团队，成功案例无不在经历着创业团队的形成、发展、强大的合作过程。思维发散、朝气蓬勃的新时代大学生更应该形成合作精神，表现为形成团队，将努力凝聚起来，团队拥有一致的目标，同舟共济，共同承担风险与责任，知识共享，信息共享，优缺点相互弥补，彼此尊重，这样的大学生合作成功的概率要远远大于"独闯江湖、单打独斗"的创新创业形式。这种合作精神的意义在于提高大学生的"耐受力"，所谓"耐受力"就是抵抗和应对挫折的一种能力。有合作精神的大学生团队可以更好地适应社会创新创业环境，主要体现在商机的捕捉、经验的交流提高、降低商业风险、创业生存能力提升。

（四）以开拓进取为动力的冒险精神

冒险精神是一种探索新事物的勇气，是一种执着不服输的精神，是一种开拓进取勇往直前的精神。马克思和恩格斯认为，周围的世界是工业发展和社会进步的历史产物，是人类活动的结果。风险作为一种历史现象，将伴随社会发展的始终。大学生创新创业精神需要冒险精神，当今任何创新创业行为都是存在风险的，风险和机遇是共存的，市场环境瞬息万变，停滞不前，一味追求原有旧事物的稳定安全，最后只能在残酷的市场竞争中被淘汰，大学生要善于突破僵化的思维，创新创业精神包含了一种永不认输的精神，大学生创业者往往是"逆水行舟，不进则退"。直面风险并且在风险中稳步前进需要高校大学生具备冒险精神，冒险精神不仅仅是一种顽强坚韧、勇于探索的意志，更是一种善于把握机会的卓越品质。冒险精神不是一味鼓励冒险，而是科学冒险，是风险的识别能力、风险的判断能力、风险的掌控能力和当风险转化成现实困难的危机处理能力。冒险精神也可以促进创业者的企业在市场中不断更新和升级，没有冒险精神的创业者很有可能因为眼前的些许成功就止步不前，错过最好的时机，最终被市场淘汰。综上，冒险精神在大学生创新创业精神中扮演着发动机的角色，促使创业者朝着成功的方向大步前进。

（五）以肩负责任为使命的担当精神

培育大学生的担当精神，是新时代、新战略、新安排对大学生的精神要求，能使大学生坚定民族使命、提升社会责任感、成就美好的人生。大学生在充分开发自身内在创新创业的潜能的同时，应该具有社会责任感、敢于担当的精神，对大学生成才、就业、服务社会具有重要意义。大学生的这种肩负责任的担当精神主要体现在爱国主义情怀、强烈的社会责任感、正确的自我价值观。大学生创新创业的担当精神需要创新创业和祖国的需要结合起来，把振兴祖国、奉献社会作为目标，应该持续关注国家的发展。社会是一个共同体，人与人、人与社会必然要发生各种联系，社会是以个体为组成要素，为个体的发展提供基础与保障，社会的发展直接影响个体的利益，社会的强大影响个性的发展。社会担当精神要求大学正确处理个人、集体与国家的利益关系，自觉维护社会利益，所以大学生创新创业精神的内涵需要大学生的社会责任意识和大学生担当精神。

三、大学生创新创业精神培育的意义

20世纪90年代以来，创新创业已经成为当代经济发展的基本途径，国家经济振兴，社会的快速发展，创新创业起着非常重要的作用，党的十九大报告强调，创新是引领社会发展的第一动力。大学生创新创业精神培育对大学生创新创业精神的形成具有导向作用，在能力方面对大学生创新创业能力的提高具有促进作用，在学科领域方面扩大了思想政治教育的研究领域，在国家和社会层面对创新型国家建设，实施创新驱动发展战略，具有重要意义。

（一）对大学生创新创业精神的形成具有导向作用

大学生创新创业精神培育促进全面科学地引导大学生创新创业精神的形成，大学生创新创业培育需要渗透于高校教育的各个环节，大学生创新创业精神培育对大学生创新创业精神的导向作用在基础方面着重体现在创新创业理念培养、创新创业文化素质的培养、创新创业合作精神的培养。大学生创新创业精神培育注重对大学生创新创业先进理念的培养，使大学生敢于打破常规，对旧事物敢于否定，对新事物能够掌握其市场规律和其发展前景的理念。在实际高校培育过程中表现为参加创新创业大赛、模拟商业计划书的制定等。在创新创业文化培养方面主要体现在校园文化建设方面，高校具有特定的文化气息和精神环境，让创新创业文化渗透到高校校园文化中去，对大学生创新创业精神的形成有着重要作用。创新创业合作精神的培养应形成团队、知识共享、信息共享、彼此尊重。主要体现在形成高校大学生创新创业联盟、大学生创新创业协会、大学生创新创业俱乐部等。

大学生创新创业精神培育对大学生创新创业精神的导向作用在道德方面着重体现为爱国主义情怀、自我价值观、社会主义道德观。大学生创新创业精神培育把践行爱国主义精神与创新创业相结合，其意义在于引导大学生不忘报国之志，把个人的发展与中华民族伟大复兴的中国梦相结合。通过高校的创新创业精神培育实践，在创新创业的实践中认识自我价值，形成正确的自我价值观。

（二）对大学生创新创业能力的提高具有促进作用

大学生创新创业能力的提高对国家和民族具有着重要意义，大学生创新创业精神培育是以高素质创新创业人才培养为根本旨归的一种崭新培育方式，对大学生创新创业能力的提高起着至关重要的作用，主要体现为：有利于转变大学生的就业观念、树立大学生的创新精神、增强大学生的创业意识、帮助大学生掌握创新创业方法、形成克服困难开拓进取的品质。从大学生创新创业精神内涵的角度分析，大学生创新创业精神涵盖了锐意进取的创新精神、求真务实的奋斗精神、团队协作的合作精神、开拓进取的冒险精神、肩负责任的担当精神等，大学生创新创业精神培育客观上提高了创新创业能力中的创新能力、组织协调能力、随机应变能力、团队合作能力、预见风险的能力、组织决策能力，为大学生在创新创业的道路上走向成功，打下了坚实的基础。

（三）对创新型国家具有助力作用

党的二十大报告指出，我国一些关键核心技术实现突破，战略性新兴产业发展壮大，载人航天、探月探火、深海深地探测、超级计算机、卫星导航、量子信息、核电技术、大飞机制造、生物医药等取得重大成果，进入创新型国家行列。创新型国家作为党和国家的重大战略决策，具有深远的意义，大学生作为推动社会进步的栋梁之才，应该具备强烈的社会责任感，投入到祖国建设中，自主创新创业，发挥自身潜力，成为创新型国家建设的主力军，创新型国家的关键毋庸置疑，必然是人才。"国以才立，事以才兴"，人才是社会发展的重要生产力，高校的根本任务是立德树人，在于弘扬高尚品德，使学生德才兼备。高校是一个精神的理想园，应该让每一位大学生都能自由全面的发展，为创新型国家输送具备创新创业精神的大学生，这种具备创新创业精神的大学生表现为拥有自主创新创业意识、具备创新创业基础知识和能力、有理想有担当有激情，在创新创业中加强自我修养。"无德不能怀远"，无德不可能具备创新创业精神，如果缺少德行，那么即使他具备能力，对社会、国家而言也失去了意义，大学生创新创业精神的培育可以引导大学生在创新创业的实践中形成积极的社会主义道德观，使大学生才德兼备。综上，高校进行大学生创新创业精神培育将为创新型国家建设提供大量宝贵具备创新创业能力、品德兼备的人才。

第二节　大学生创新创业精神培育存在的问题及原因

随着国家对大学生创新创业教育的重视，我国的创新创业教育已经有了很大的改善，创新创业的价值和意义也得到了社会的认可，围绕着创新创业的研究，国内学者也有了一定的研究成果，在中国很多高校已经建立起了创新创业孵化基地，以便于增强大学生的创新创业能力，创新创业教育已经成为高校教育一部分，有了一定的成效，但不可否认，大学生创新创业教育也出现了一些问题，下面就大学生创新创业精神培育的问题及其原因分析进行阐述。

一、大学生创新创业精神培育存在的问题

近些年来，我国高校关于创新创业教育取得了一定的成效，开展创新创业教育，对高校缓解就业压力，促进创新型经济发展有着重要意义，但大学生想要真正创新创业，必须具有创新创业精神，针对当前高校开展大学生创新创业精神培育的问题，着重从培育环境有待优化，培育理念有待更新；培育的实效性不强，培育方法有待提高；培育师资力量不足，培育缺乏实践平台等几个方面的问题进行研究。

（一）培育环境有待优化，培育理念有待更新

环境对人的精神领域的影响是深远的，反观我国大学生精神培育环境问题是存在不足的。首先，高校缺乏创新创业氛围，现阶段我国高校的创新创业教育多为在校园中开展创新创业大赛，或者开设一些创新创业的选修课程，尽管部分高校对大学生创新创业大赛奖励丰厚，积极鼓励在创新创业方面能力突出的优秀大学生，但是大学生普遍缺乏热情，无法全面广泛地让大学生参与到创新创业中来，部分高校的创新创业大赛场面宏大，但真正动手参与到大赛中的学生寥寥无几，很多大学生抱着看热闹的心态了解创新创业，这样流于形式的高校创新创业环境，效果可想而知。

众所周知，举办创新创业大赛仅仅是营造精神培育环境的一个辅助手段，不能成为营造高校创新创业精神培育环境的唯一手段，优化高校精神培育环境和营造校园创新创业氛围是高校现阶段需要考虑的一个问题。其次，缺乏多方合作的培育环境。高校精神培育环境不应该仅仅停留在高校，现阶段我国大学生创新创业精神培育环境出现了社会、高校、家庭各方不统一、不协调的问题。社会宣传、家庭教育没有与高校精神培育有效配合，由于家庭传统观念的因素，很多家长存在让自己的孩子找一份稳定的工作的观念，这样的观念与高校精神培育的理念存在矛盾，大大影响了高校精神培育的实际效果。同时，社会缺乏对创新创业精神培育的重视，没有注重开展大学生创新创业精神培育的宣传，导致很多大学生了解创新创业，却不了解创新创业精神，影响了创新创业精神的传播。

精神培育区别于普通学科教育理念，创新创业精神培育需要融入到专业课、通识课、选修课、实践课等领域中去。目前，我国部分高校存在精神培育的理念滞后的问题。第一，没有将大学生创新创业精神培育融入到其他学科中去，没有明晰创新创业精神与其他学科的区别和联系，导致精神培育存在"单打独斗"，没有与其他学科统一起来，培育效果大打折扣。第二，培育理念缺乏自主性。现阶段部分高校的精神培育停留在"老师讲，学生听"的低级阶段，学生缺乏主动性，被动地接受"填鸭式"的教学，这样的精神培育效果有限。这种现象的出现，根本上是高校培育理念滞后的原因，高校应该研究以人为本的育人理念，提升教学质量。

（二）培育的实效性不强，培育方法有待提高

现阶段我国对大学生创新创业精神研究相较于以往取得了很大进展，但在高校传统理念的束缚下，大学生创新创业教育的一些问题并未得到根本有效的解决。如"短视教

育""形式化的教育"的现象依然存在，部分高校大学生精神培育的实效性不强。第一，社会外界不良因素影响。在互联网时代的今天，网路信息实时传送，一些没有被过滤的不良信息对高校的精神培育产生了极坏的影响，如拜金主义观点、享乐主义观点等。第二，培育没有深入实际。部分高校没有根据自身的办学特点，进行科学合理的精神培育，而是"照搬照抄"其他学校的育人模式，导致学生参与的积极性不强，创新创业教育成了形式教育，其实效性可想而知。第三，培育没有做到"知行合一"。部分高校精神培育知识理论与实践脱钩，导致大学生成了知识的"储存器"，缺乏动手实践能力，没有将大学生创新创业精神"内化于心，外化于行"。

高校传统的大学生创新创业教育方法多为传统方法，设置一些大学公共课由教师来对创新创业知识进行讲授，学生往往是被动聆听，这种传统的培育方法的弊端日趋显现，这种培育方法导致学生自主性差，往往达不到教学目的，创新创业教育其核心内涵应该是强化对学生创新创业精神、创新创业意识和创新创业能力的培养，切实提高人才培养质量。部分高校已经用举办创新创业大赛的方式来对创新创业教育的传统方式进行补充，但是通过创新创业大赛的方法并不能完全承担起大学生精神培育的重任，导致大学生对创新创业积极性不高，对创新创业精神认识不足，产生这一现象的重要原因是高校的培育方法。第一，培育方法缺乏个性。新时代创新创业形势要求高校针对学生要有灵活的育人方法，针对大学生的个体特点"因材施教"。第二，培育方法缺乏吸引力。如何增强大学生对创新创业精神的兴趣，研究大学生的心理特点，形成一个极具吸引力的培育方法是高校应该思考的问题。第三，培育方法缺乏科学性。部分高校长期存在"偏科"现象，过分重视专业知识教育，轻视创新创业教育，导致大学生创新创业精神培育的方法缺乏科学性，一些培育方法没有经过实践的检验，得不到良好的培育效果。

（三）培育师资力量不足，培育缺乏实践平台

师资力量对于大学生创新创业精神培育的效果有着重要影响，纵观国外比较优秀的创新创业型大学，都聚集了一大批优秀的学术团队，有一支整体水平较高的师资队伍。反观我国，师资力量相对薄弱，相当一部分高校创新创业教育教师没有系统性的创新创业理论学习，对大学生创新创业精神培育的认同和支持度很低，目前我国多数高校的创新创业教师主要是来自于其他专业教师或者是高校的辅导员、管理人员。首先，由于高校师资教师缺乏经验，在有限的条件下只能进行课堂式的教学，教师在创新创业课堂上指导方法较为单一，即使高校为了增强授课效果，在课堂上邀请部分优秀的创业者和企业家参与到创新创业的课堂中进行讲座，但实际效果甚微。虽然很多优秀的创业者和企业家富有创新创业精神，但有限的课堂时间、缺乏体系的讲述、非专业教学教师缺少教学经验等客观因素，影响了实际效果。

其次，由于缺少专业的师资力量，高校创新创业教师上岗前的培训一般周期很短，自身缺乏创新创业实践经历，除少数优秀的专业教师外，多数创新创业教师由于现实原因只能以讲授的方式授课，导致高校大学生缺乏实践能力。最后，由于师资力量的不足，在我

国高校经费拨付有限，高校不可能对创新创业教育方面投入可观的资金和相关配套的教学资源，存在一些相关政策得不到有效落实，导致高校对大学生创新创业精神培育"缺衣少粮"现象。国际名校百森商学院之所以成功，是因为拥有一套完善的师资团队，以经典实例结合个人的经历培养学生的创新意识，同时通过企业真实的管理环境，给予学生模拟实践或真实体验的机会。所以我国高校应该加强自身的师资力量，倡导互助开放的教学环境，积极引导学生去主动思考、认知、实践，培养学生的发散性思维和冒险家精神。创新创业精神的培育必须立足于创新创业的实践活动，在创新创业实践活动的过程中，不断修正和完善，最后达到培育目的。搭建创新创业实践平台是一种高效的方法，为大学生精神培育营造高质量的实践环境，直接影响着大学生创新创业精神培育的成败，部分高校缺乏高质量的实践平台，让大学生精神培育停留在书本上，学生缺乏实践，以考试成绩论高低，但真正的大学生创新创业精神考的不是"记忆力"，而是大学生的创新思维和实践能力，大学生精神培育绝对不能只停留在分数上，现阶段大学生缺乏的不是理论知识，而是将自己的想象力化作实际行为的能力，精神培育的根本目的也是实践，精神培育不应该让大学生成为只学理论不去实践的"半成品"。所以，想方设法搭建高质量的大学生创新创业学习实践平台需要多方努力。

二、大学生创新创业精神培育存在的问题原因分析

随着我国经济长期快速发展，社会就业环境也随之发生变化，科技的进步在带来更多益处的同时，产生了很多社会问题，其中就业问题，在市场需求量稳定的情况下，社会科技进步将降低人力需求，导致失业率上升，高校面临着巨大的毕业生就业压力，长久以来高校教育轻视对大学生创新创业精神的培养，对大学生创新创业教育存在功利性现象，传统的家庭教育理念，使大学生在校学习出现了"重知识学习，轻精神培育""重分数，轻品德"的现象，对大学生创新创业精神培育产生了阻碍，下面就大学生创新创业精神培育存在问题的原因从社会、高校、家庭三个方面进行分析。

（一）社会环境因素的影响

环境作为影响创新创业教育成效的外部因素，是创新创业教育理念得以落实的重要保障。现今我国社会经济新常态的大环境是一个热点话题，社会经济发展新常态指"国内发展换档，经济发展减速"。这是一个未来趋势，这种趋势可能会维持更久。所以我们要为接受经济体量大，经济增长缓慢的这一个过程，接受社会经济新常态，我国社会就业现状已经发生了变化。当今时代比以往任何时代都需要人才的创新创业精神，社会经济的多样化，灵活化，对大学生在各个社会领域提出了强烈的要求，社会的发展客观要求高校培育大学生创新创业精神。

大学生创新创业精神如何发挥，一定程度上取决于社会环境需要，社会环境因素对高校教育的影响是巨大的，社会就业压力大背景下导致部分高校以功利性的观念，急于求成地进行大学的创新创业教育，为了提高大学生的就业率，通过政府扶持，高校进行创业就

业指导，开设创新创业课程，短时间看确实对大学生创业就业有一定帮助，高校就业率有所提升，由于政府的扶持，出现了大学生创新创业初期比较成功，但是减少或停止扶持后，后期创新创业疲软的现象，这种没有"精神"的功利性教育方式违背了社会环境需要，没有正确认识和把握事物发展的客观规律是不可取的。大学生创新创业教育要把育人放到核心位置，根据社会环境因素的变化，充分认识事物的发展规律，实现大学生创新创业精神与社会环境变化的辩证统一。

（二）高校培育的认识偏颇

由于大学生创新创业精神的研究我国总体上起步较晚，相关研究很少，本应成为高校思想政治教育的一项重要内容，但目前很多高校的现实情况是并没有将大学生创新创业精神的培育落实起来，对大学生创新创业精神培育的认识存在偏颇，导致大学生创新创业精神培育没有受到足够的重视。目前大学生创新能力总体薄弱的主要原因：教学封闭，缺乏开放性；理论多、实践少。高校大学生创新创业精神培育由于认识的不足，存在与学科教育脱钩的现象，对大学生创新创业精神培育还没有完全融入到学校的教学体系中，没有系统的创新创业精神的培育方法。目前，大多数高校开展创新创业教育有些急功近利，往往只关注少部分人，培养或创造个别创业典型，大部分的学生只能做"局外人"。对创新创业教育仅仅局限于就业指导、举办创新创业大赛、企业家讲座、简单地创新创业宣传，缺乏对大学生创新创业能力进行有效测评、致使学生对创业风险了解甚少。实践证明这些传统的方法作用有限，很难起到对大学生创新创业精神层面的洗礼，只有理论与实践相结合，开设专业的、实践的、成体系的创新创业精神培育课程，从大学生创新创业的实际出发，深刻领悟大学生创新创业精神的内涵，才能实现大学生创新创业"质"的飞跃。

高校没有形成大学生创新创业合力，充分发挥大学生创新创业的主观能动性，积极、主动地进行大学生创新创业精神的培育，有利于激发大学生的学习兴趣，使其主动接受，相比于被动的灌输式的教育，效果是明显的。但是由于传统育人方式的弊端，大学生对创新创业精神培育产生了抵触，轻视对精神的领悟，重视对技能知识的学习。这种学习的方式是"立足眼前"的学习，是高校对大学生创新创业精神认识不足的体现。我国能否在未来发展中后来居上，弯道超车，主要看我们能否在创新驱动发展。青年大学生人才是我国创新驱动力可持续的基础。高校应该立足于现实、开展长远的育人模式，加深对大学生创新创业精神的认识，重视大学生创新创业精神培育，掌握事物的发展规律，避免认识中的片面性。高校应该在创新创业精神培育中一步步迈出坚实的步伐。

（三）家庭传统教育的阻碍

家庭教育是一种重要的教育手段。家长在家庭教育中扮演重要的角色，家庭教育伴随大学生的一生，可想而知家庭教育对大学生的影响是多么大，在这种特定的场合中，大学生在家庭生活中受到着潜移默化的感染，英国教育家约翰·洛克认为"家庭教育决定孩子一生的命运"。所以大学生创新创业精神培育要考虑到家庭教育这一重要的影响因素，大学生创新创业精神的形成需要家庭教育正确的引导。

新时代大学生，能力方面："90 后""00 后"很多都是独生子女，传统家庭教育使许多大学生对家庭产生依赖感，父母的溺爱导致很多大学生不适应集体生活，自我约束能力很差。品德方面：长久以来，绝大多数家长很关心孩子的学习成绩，却忽视了他们的道德品质培养，部分大学生出现以自我为中心，性格孤僻内心脆弱，难以应对就业压力，这是家庭教育缺失的体现，大学生创新创业精神培育的成功离不开家庭教育，让创新创业精神培育融入到家庭教育中去，是高校"育人"教育的重要一环。

家庭教育的参与可以极大地提高大学生创新创业精神培育效果，因为家庭教育具有自身的优势，能够潜移默化地深入学生的内心，进而在将大学生创新创业精神培育与家庭教育统一起来，有利于大学生提高综合素养。家庭教育配合高校教育，高校教育适应社会需要，摒弃传统家庭教育的陋习。父母是孩子的第一任教师，父母言传身教，以身作则，身体力行地感染子女，培养孩子的艰苦奋斗精神，鼓励孩子勇于创新，产生对创业的浓厚兴趣，对高校大学生创新创业精神培育产生积极有益的影响。

第三节　大学生创新创业精神培育的对策

随着创新创业精神的提出，国内许多学者呼吁高校全面开展对大学生进行创新创业精神培育工作，将创新创业精神培育纳入到高校教学课程体系中，大学生创新创业精神培育不是一蹴而就的教育，需要考虑社会、高校、家庭各方面影响因素和持续不懈的努力。高校作为为社会输送人才的前沿，应该重视起大学生创新创业精神培育，从实际出发，全面深入地探索大学生创新创业精神培育路径，针对大学生创新创业精神培育出现的问题，提出有效的对策。大学生创新创业精神培育不是一句口号，应该充分领悟其潜在价值，将其与社会实践相统一，发现问题，然后对具体问题具体分析，提出相应的对策。

一、优化创新创业环境，营造良好的培育氛围

大学生创新创业精神培育越来越受到高校的重视和社会的关注。首先，近年来各高校举办了各式各样的宣讲、活动、竞赛来促进大学生创新创业精神培育。高校是大学生学习发展的乐园，高校应该予以足够重视，高校环境分为物质环境和精神环境，物质环境是指学生学习和生活的物质条件。精神环境是指学术气氛、校风、学风，注重营造良好的培育氛围，充分发挥校园精神环境的作用，对大学生创新创业精神培育有很大的促进作用，高校应该营造校园创新创业气氛。其次，家庭教育，是高校教育的基础，大学生创新创业精神培育离不开家庭教育的正确引导和配合，转变家庭传统教育观念尤为重要。同时，社会应该注重大众传播媒体宣传，例如一些具备创新创业精神的楷模，树立榜样，为积极推动大学生创新创业精神培育助力。

（一）营造校园创新创业氛围

为了孩子有良好教育环境，古代有"孟母三迁"，说明环境对人类精神领域的影响是

深远的。高校作为大学生学习和生活的地方，校园环境可以潜移默化地影响大学生的创新创业精神形成。在学习专业知识的同时，培样自己的创新创业精神，离不开学校的校园文化环境的影响。校园环境是大学生创新创业精神培育的土壤，它对大学生全面发展具有重要的意义。因此，建设带有创新创业氛围的校园环境是必要的。校园创新创业氛围重要性主要表现在培养学生创新精神、奋斗精神、激发大学生创新创业兴趣、对社会的责任意识、团队合作的凝聚力等积极的校园气氛。高校的校园环境建设的意义在于为大学生提供新的教育内容和活动方式，也为大学生创新创业精神培育提供了新的视角。校园环境建设的核心是校园精神文化因素。现今部分高校的校园精神文化建设主要为多彩的文化活动，很多偏向于丰富大学生的业余生活，只有少数高校把校园精神文化纳入长远规划，这就势必影响校园精神文化的发展，所以将创新创业精神体现在校园环境的建设上，营造创新创业校园环境氛围，开辟渗透大学生创新创业精神教育的新视角，充分发挥校园环境氛围的作用，使大学生进行创新创业精神的自我塑造。

（二）转变家庭传统教育观念

家庭教育是学生的第一课堂，大学生创新创业精神培育也需要转变传统的家庭教育观念，提高家长的思想觉悟，认清大学生的教育形势，家长是学生的第一任老师，家长的行为和意识一定程度上决定了孩子的行为和意识，对孩子的思想的影响更为突出。目前很多家长受到传统教育观念的影响，存在着文化基础差、教育观念落后、思想觉悟低、对孩子溺爱过度等现象，甚至有一些极端的家长认为"孩子的教育是学校的事"。

有效转变家庭传统教育观念，首先要从家长着手，人的本能是模仿，学生对家长也有着本能的模仿，父母对孩子起到榜样作用，转变传统的教育思维是父母的首要任务，首先，加强家长的责任意识，让学生家长认识到大学生创新创业精神培育不是学校任务，需要家长的配合，需要家长、学校、社会的统一，从改变家长的教育意识方面着手，加强学校与家长的沟通，共同肩负起创新创业精神培育的重任。其次，家长应该加强学习，事物是不断发展的，家长的精神文化也需要跟上时代的脚步，不能停滞不前，学校应该给予家长一定的培训，由专业教师针对实际情况进行辅导，如果条件不允许，也可以进行网络教育，使家长的创新创业教育意识跟上来，全面地进行创新创业精神培育。最后，家长应该摒弃传统的育人观念，拒绝对孩子过于溺爱，培养孩子的艰苦奋斗精神。有部分家长认为大学生的教育与自己没有关系，因为大学生活一般都在高校校园中。这是一种错误的观念。高校育人离不开家庭教育，因为父母对孩子起到榜样的客观作用，父母的一言一行就可以客观地影响到大学生的行为和思想。这种错误的思想导致的结果是学生在校期间形成的创新创业精神，假期回家就消失不见了，"衣来伸手，饭来张口"的家庭环境影响了大学生创新创业的精神培育，所以要将家庭教育的传统观念陋习摒弃，将家庭教育与高校育人相统一。

（三）注重社会媒体传播宣传

社会宣传可以有效增加创新创业精神的影响力，让大学生认识到创新创业精神的重要性，所以注重社会大众传播宣传，营造有利于大学生创新创业精神培育的社会环境具有重要意义，大众传播通常为报纸、杂志、书籍等。随着社会经济和生产力的发展，大众传播以电子网络为媒介的传播逐渐成为大学生青睐的接收外界信息的主要手段，新媒体的优点在于多样化，突破了传统媒体时间和空间极大局限。高校的创新创业精神培育可以充分利用社会电子网络媒介，通过微信、校园电子软件、微博等媒介宣传弘扬创新创业精神，介绍大学生创新创业精神的具体内涵和重要意义，提高大学生思想上的认识，让大学生在学校、社会宣传的气氛中凝练自己的创新创业精神，潜移默化的进行大学生创新创业精神培育。

大学生的未来面对的将是社会，在高校的学习生活中同样离不开社会，让大学生在社会环境中体会创新创业精神的魅力所在，积极的社会环境可以激励大学生形成良好的精神意志，营造一个赋有创新创业精神的社会环境，通过社会媒体传播的宣传是一个重要的手段。首先，通过报纸、杂志、网络电子媒介进行对优秀人物的介绍，对具有创新创业精神的典型事迹进行广泛全面的宣传，为大学生精神培育树立榜样。其次，通过大众传播对创新创业精神的内涵进行社会宣传，让大学生在生活学习中认识到创新创业精神的重要性，同时，还可以有效地配合高校精神培育，让大学生不仅在校园中感受到精神培育的身影，在社会中也有精神培育的氛围。所以注重社会大众传播宣传对高校创新创业精神培育有促进作用。

二、完善教育实践平台，重视培育的师资建设

近些年来，随着大学生创新创业精神培育的提出，国内很多学者开始对大学生创新创业精神培育进行研究，发现在精神培育过程中出现的一些问题，如部分高校缺少培育实践平台、培育师资建设缺乏、没有形成创新创业专业化的教师团队、对大学生创新创业精神培育认识不足。根据理论研究成果，下面从搭建创新创业实践平台、加大精神培育资源投入、形成专业化的教师团队三个方面进行阐述。

（一）搭建创新创业实践平台

大学生创新创业精神培育需要的是实践，搭建创新创业实践平台是一种有效的手段，为精神培育营造良好的实践环境，例如创新创业见习基地、创新创业孵化基地等实践平台，一是这些实践平台有助于大学生开拓眼界，将自己的专业知识和现实想法应用于实践当中去，在实践中积累宝贵的经验，有助于创新创业精神的形成。二是大学生创新创业实践平台有助于大学生的个人的发展，大学生在实践中会不断锤炼自己的意志、面对失败的勇气、不断奋斗的精神，在团队实践中感受团队合作的益处，形成科学的冒险精神，在创新创业中形成敢于突破的新时代大学生担当精神，最终慢慢地、一点一滴地积累实践形成创新创业精神。三是创新创业实践平台提供了大学生广泛合作和交流的机会。通过合作往往比大学生自己"单打独斗"的成功率要高得多，提升了大学生创新创业的水平，拓宽了大学生创新创业的领域，有效地将大学生各自的优势发挥出来。搭建大学生创新创业实践

平台具有一定的现实意义，一是创新创业实践平台为大学生提供了创新创业的实践机会，高校应积极搭建创新创业实践活动平台，增加大学生实践学习时间培养大学生创新创业的动手能力，鼓励大学生积极投入到学校和企业的实践创新创业中去，通过有计划的实践精神培育和实践能力培养，为精神培育有效展开保驾护航。二是创新创业信息平台为大学生创新创业提供了更加广阔的空间，在现在互联网络蓬勃兴起的时代，网络蕴含着无限的可能，高校可以充分利用网络，形成"互联网＋创新创业"实践平台，为大学生创新创业提供信息、技术、服务，为大学生创新创业保驾护航，同时可以利用微信、QQ等软件发布一些优秀的大学生创新创业实践成功范例，形成榜样作用，用现实中的成功经历，为大学生塑造优秀榜样，实现自我超越，在榜样的行为中得到启迪。这些启迪是大学生创新创业精神在现实生活中的体现，更容易与当代大学生产生共鸣，为大学生所接受。

（二）加大精神培育资源投入

高校对大学生创新创业精神培育的资源配置存在不足，以培育大学生创新创业精神为目的而投入的人力、物力、财力存在不足。由于我国对于创新创业精神培育的研究起步较晚，存在部分高校对大学生创新创业精神培育重要性的认识不够，大学生创新创业精神培育在部分高校教育资源中所占比例较少。全面提高大学生创新创业精神培育水平，高校的资源投入必不可少，对精神培育注入资源单单靠高校难以完成，需要政府、高校、企业三方共同努力。一是政府与高校的交流互动。资金方面，政府加大投入的同时，高校如何将有限的资金合理利用起来，促进大学生创新创业精神培育的发展，这就需要高校和政府之间保持沟通交流，结合自身实际教育的诉求，配置创新创业精神培育的资源，根据自身的优势和劣势将资源合理、科学、有效地利用。二是高校与企业的合作，不断探索新的人才培养机制和模式，高校和企业应该主动打破界限，搭建校企合作平台，通过平台形成校企共同育人的模式，创新创业成果促进企业的发展，促使企业自愿为高校创新创业加大投入，同时高校可通过与企业的合作，深入了解企业和社会的实际需要，在进行大学生创新创业精神培育的同时，进行具有方向性的、有计划的创新创业研究。

在进行政府、高校、企业合作交流的同时，科学合理地加大高校创新创业精神培育的资源配置比例，基于大学生创新创业精神的形成对大学生的重要意义，科学合理地投入更多的资金很有必要。创新创业见习基地、创新创业孵化基地等实践平台都需要资金的支持，没有必要的资金支持，这些实践平台无从谈起。表面上看政府、高校、企业投入了更多的金钱，从长远来看，大学生通过实践平台、孵化基地形成的创新创业的成果和从中磨炼出的创新创业精神更具有价值，一是政府和高校从根源上解决了大学生的就业问题，而且实现大学生以创业促进就业的高效率的就业模式。二是大学生的创新创业成果产出，反过来促进了企业的创新发展。总的来说，这是一种互利互赢的投入。

（三）形成专业化的教师团队

越来越多的学者已经开始对大学生创新创业精神培育进行深入研究，查阅资料发现高校创新创业精神培育的教师团队存在着一定的问题，下面针对所出现的一些问题提出相关的建议。第一，教师素质方面。高校创新创业教育的专职教师少之又少，大多为兼职教师，缺乏专业知识背景，进行大学生创新创业精神培育的经验不足，教学水平很难跟上新时代的脚步。要想从根本上解决精神培育教师素质问题：一是需要引进专业化的教师，为精神培育教师团队注入新鲜的血液。二是需要对现有教师进行专业化和常态化的培训，有效增强现有教师的专业水平。第二，教师数量方面。随着我国高校的不断扩招，如今大学生的招生数量比以往要多很多，而从事大学生创新创业教育的教师在很多大学普遍较少，教师教学往往是超负荷的，很难集中精力进行大学生创新创业精神培育，由于专业教师偏少，课程内容和数量不可避免地要进行压缩，直接影响了教学质量。因此高校有必要增加专业教师人数，保证学生和教师的人数比例合理、科学、均衡。第三，教师观念方面。由于传统教学观念的束缚，部分高校进行精神培育的教学方法是僵化的、填鸭式的、落后的传统教学方法，部分教师存在教学观念落后、以分数论成败的错误观念。

高校改变培育观念。第一，要理解大学生创新创业精神培育的关键是实践。只有进行实践教学，让大学生充分参与并自己动手去体会创新创业的乐趣，才能让大学生自愿、主动地去融入教学，才可以有好的教学效果，所以应该加强教师教学的实践观，将基础知识融入实践，学以致用，学有所用。第二，优秀先进的教师团队。时代在不断进步，新时代教师应该充分发挥团队优势，不断学习先进，取长补短，使自己的教学观念跟上时代步伐，不断完善自己的专业知识，学习精英的超前观念是必要的。形成大学生创新创业精神培育的专业教师团队是高校精神培育的基石，人才培养，关键在教师。教师队伍素质直接决定着大学办学能力和水平。没有一支优秀的教师团队，培育无从谈起，所以高校应该不断探索，积极建立一支素质过硬、专业水平高、思想观念超前、紧跟时代步伐的专业化教师团队。

三、优化创新育人理念，激发创新创业的热情

优化大学生创新创业精神培育理念是各大高校需要解决的难题，部分高校的育人理念仍然停留在少数具有创业意愿大学生的培育工作，这是对大学生创新创业精神培育认识不足的体现，精神培育应该是面向全体大学生的，而不是片面的少数个体，同时，高校是创新创业人才培养的源头，将创新创业精神植入到大学生的基因，激发大学生创新创业热情，不断推进大学生创新创业精神培育的发展。引导和鼓励大学生积极投身到我国创新创业的浪潮中，下面从优化更新精神培育理念、营造创新创业精神文化、激发自主创新创业热情三个部分进行研究。

（一）优化创新精神培育理念

创新创业精神培育的理念区别于传统的普通学科教育理念，它不是一种范式的、固定的教学理念，大学生创新创业精神培育的灵魂是"创新"，它不仅仅是让大学生创办一个可以盈利的企业，或者去完成某一项发明创造，培育理念最核心的部分是让大学生可以持续不断地发展，使创新创业精神成为大学生的不竭动力，通过不断优化更新培育理念，与

时俱进地进行改良后，积极推动大学生的个性和创新创业意志品质结合，激发大学生的潜在能力，从而达到培育目的。

了解优化更新大学生创新创业精神培育理念的重要性。首先，以人为本的科学培育理念，要尊重学生的"个性"，每一位学生都有"创新"的天性和潜力，所以培育理念应该以创新和全体学生发展为基石，激发大学生的创新精神，发挥大学生的奋斗精神，鼓励大学生的合作精神，聚焦大学生的冒险精神，促进大学生的担当精神。其次，在精神培育课程内容方面，要充分研究当下创新创业课程，结合现有的创新创业课程，开发新的创新创业精神培育课程，确定科学的课程内容，将创新创业精神培育融入到各个学科课程，任何精神培育都不是一门独立的课程可以完成的，创新创业精神培育是一个具有综合性质的培育过程，其培育理念应该具有综合性，包括心理健康教育，风险识别教育，爱国主义教育等。明晰创新创业精神培育与其他各学科知识的联系和区别，将其他学科知识内容与精神培育的相关内容科学合理地融合起来。最后，精神培育是与时俱进的培育，大学生创新创业精神的培育理念是一个动态的、不断变化的培育理念，随着我国社会经济发展形势和趋势，应该不断地更新精神培育理念，以适应新时代我国社会和经济形势。要将眼光放在国际先进的培育理念上，培育理念应该具有战略性和前瞻性。

（二）营造创新创业精神文化

高校创新创业精神培育需要一种意志、一种文化的创新。大学生创新创业精神培育的过程也是营造创新创业精神文化的过程，深入进行创新创业精神文化的构建，是高校的创新创业教育迈出的重要一步。创新创业精神文化与我国中华民族优秀传统文化有很多相似之处，发挥中华民族优秀传统文化的优势，有利于高校创新创业精神文化的营造。创新创业精神文化是一种培育优秀精神的文化，这种文化可以呼唤起不可估量的创新创业热情、主动性、使命感，助力大学生创新创业精神的形成。

高校营造创新创业精神文化。第一，充分利用高校舆论宣传。首先，高校可以通过宣传手册、报纸、宣传板、校园广播等，积极对大学生创新创业精神进行广泛深入的宣传，让大学生了解创新创业精神，并对创新创业精神进行自己的思考，配合高校精神培育，产生积极的影响，形成正确的舆论导向。第二，对校园舆论进行监督。仅仅有好的宣传手段是不够的，新时代网络校园环境下，信息传播实时化，这些信息没有经过核实和整理，良莠不齐，一些不良信息已经对高校创新创业精神文化产生消极影响。例如，拜金主义言论、享乐主义言论等。这些不良信息如果长期充斥在高校校园环境中，不仅对大学生创新创业精神培育带来阻碍，也会破坏校园文化，所以加强对校园内舆论的监管是非常重要的。第三，将创新创业精神文化融入大学生生活环境。校园是大学生大学生活最熟悉的地方，塑造优质的校园环境，将创新创业精神文化元素融入高校校园环境建设中去，如在教学楼、宿舍楼、餐厅、绿化带等大学生生活场所张贴名言警句、播放创新创业精神相关的先进事迹、摆放一些含有"创新"元素的艺术作品等，让校园的每一处都蕴含创新创业精神文化的气息，让大学生受到潜移默化的文化感染，对大学生创新创业精神培育具有不可估量的作用。

（三）激发自主创新创业热情

新时代大学生的就业压力很大，越来越多的大学生不得不选择独立创业，我国一贯重视和鼓励大学生创新创业，因为大学生独立创业不仅可以自由选择感兴趣的事物，用创业来取得成就感，还可以实现大学生的人生价值，从根本上解决就业难题，以创业促进就业。具备创新创业激情是大学生创业的必备条件，对大学生创新创业精神的形成有促进的作用，自主创新创业热情是大学生创新创业精神形成的大门。高校应该大力鼓励和引导大学生自主的学习创新创业精神，激发大学生的创新创业热情。

开辟大学生对双创的热情的新境界。首先，增强大学生青年责任感。高校应该适当举办专题教育活动，培养大学生的使命感和责任感，让其充分认识到，对国家而言，大学生是建设祖国的中坚力量。对民族而言，大学生肩负着中华民族伟大复兴的使命。培养学生具备坚定信仰，增强他们的主动性，促进大学生综合素质的提高。其次，形成民主平等的师生关系。大学生创新创业精神培育教师与学生建立和谐平等的师生关系，有助于学生自主性的发挥，让学生在民主平等的气氛下，建立师生情感基础，对于学生提出的想法和建议，教师应耐心听取，及时了解学生的思想变化，根据不同的实际情况进行精神培育，这样可以最大程度上避开大学生对精神培育的"逆反心理"。启发学生的自觉性，充分发挥学生的积极性，让大学生积极主动地参与到精神培育中来。最后，科学运用激励形式的教育。高校针对精神培育合理科学地利用精神激励和物质激励可以有效促进大学生的积极性，鼓励他们对创新创业精神产生浓厚的兴趣。如在高校举办大学生创新创业精神知识大赛、创新创业技能实践大赛、创新创业精神宣讲等丰富多彩的活动，通过举办大赛、宣讲、知识问答的方式，给予能力强、精神品质突出的优秀大学生代表一定的奖励，激励他们争先成为具备创新创业精神大学生的强烈渴望。

综上，让大学生满怀激情地投入到创新创业中去，是大学生创新创业精神培育的重要一环。现今高校大学生多以被动的方式去"接受"，采取"老师讲，学生听"的课堂讲授方式，学生缺乏自我定位，这样单一的教学方式扼杀了学生的创新意识，对大学生创新精神形成不利，导致学生缺少主动性，对创新创业兴趣不强，无法积极地去思考问题。大学生作为创新驱动经济发展的"主力"，首先应该找到自我定位，充分发挥大学生的主观能动性，发挥时代的赋予的使命，勇于担当起建设"创新型国家"的责任，单一被动的培养不利于大学生发挥主观能动性，导致大学生创新创业精神停滞不前，高校有很多切实可行的方法激发大学生对创新创业精神产生兴趣，应该积极探索研究大学生的心理特点，有针对性地进行精神培育。通过各式各样的校园活动激励大学生自主学习创新创业精神，并对大学生自身的综合素质发展产生积极影响。

四、学习国际先进经验，探索科学的培育方法

推动精神培育的实效性，使高校创新创业工作迈上新的台阶，学习吸收他人经验，同时结合自身特点，积极探索适合我国高校的培育方法。下面从借鉴发达国家先进经验、改变传统僵化教学模式、探索科学有效培育方法三个方面进行阐述。

（一）借鉴发达国家先进经验

1. 从创新创业教育文化角度

美国的斯坦福大学是最成功的创业教育的范例之一。斯坦福大学为教师和学生提供一种包容性的创业教育校园文化，理解和宽容失败，在很大程度上激发了大学生的创新和创业热情，如斯坦福大学生的校训"自由之风劲吹"。

灵活的休学政策，大学生可以在任意时间休学一整年，然后接着上学。斯坦福大学鼓励大学生参加社会实践，尝试新鲜事物，干自己喜欢干的事情，这种校风已经形成了一种校园文化。这种自由的校园文化，是大学生创新创业精神培育的基本条件，实践也证明斯坦福大学的学生创业充满激情，也取得了丰硕的创新创业成果，如惠普、思科、雅虎等享誉全球的著名公司。英国的华威大学是欧洲大学创业教育的顶尖学府，华威大学将校园文化渗透于管理制度中，其特质就是众所周知的"企业家精神"，其实质就是将企业管理理念融入到大学的管理实践中，其校园角落处处充满了创新、乐观、冒险、敢为人先的校园文化，使华威大学成为创业教育的典型。日本的大阪商业大学在"二战"以后就已经开始创业教育，该大学认为企业家精神为创造新事物的原动力。其应用型的创业教育思路，培养对世界有用的人才是大阪商业大学的核心文化。我国高校的创新创业精神培育，应该学习上述的典型范例，形成自己创新的、别具一格的精神培育文化，取长补短，结合自身实际情况，探索有中国特色的培育文化。

2. 从创新创业教育资源角度

美国大学不仅有浓厚的创业校园文化，还具有雄厚的创业教育资源。以斯坦福大学为例，首先，其充分利用地区资源优势，发展自己的创业教育。如美国高新技术的摇篮"硅谷"与斯坦福大学有着密切的关系，斯坦福大学利用地区优势资源，将"硅谷"工业园区高新科技企业的实验室作为学生的实践课堂，使学生及时了解企业技术需求和市场发展方向，为学生创新创业提供了捷径。其次，利用互联网资源。其搭建了网络交流平台，为有创业意愿的学生提供相关资源，同时为教师思考如何进行创业教育提供交流经验，斯坦福创业网是高质量的大型网站，它联合了斯坦福大学的 14 个与创业相关的组织，其主要服务于学生、社区、硅谷等，为创业提供延伸服务。最后，校友资源。斯坦福大学有专门的部门和专职工作人员负责提供校友服务最大化，还会举办校级的校友会。这种模式使学生之间可以互帮互助，通过有创业经验的学生提供的信息、资金、人脉等资源，帮助缺乏这些资源的学生创新创业，形成良性循环。英国政府一直在投资鼓励大学的创业教育，在创业教育资源方面，英国的高等教育学会针对高校专业的设置特点，成立学科中心，根据学科的现实状况，提供相关的教学资源。同时，英国的大学也不断拓宽创业教育的经费来

源。以华威大学为例，在经费方面，华威大学建立了多元的经费来源途径，通过节约、创收、募捐等手段，解决了创业教育的经费资源问题，华威人提出了创新的经费资源来源观念："学校的发展要依靠不断提高的创收能力"，这直接推动了华威大学的发展。日本充分调动社会资源，为日本大学的创业教育提供基础，提升日本大学创业教育的效率，日本还积极为创业教育资源"添砖加瓦"，在高校形成了校友会，为大学创业教育提供支持，如日本的"三田校友会"闻名于世，除了提供经费支持和讲座外，还为成员提供实习岗位，为日本大学提供了大量创业教育资源。通过对西方发达国家的创业教育资源来源渠道进行剖析，我们不难发现，其共同点是都离不开政府的支持，但是都不依赖于政府，利用地区优势和自身优势拓宽创业教育的来源，形成多元化的创业教育资源获取渠道。

3.从创新创业教育理念角度

西方发达国家超前的培育理念，得到了全世界的认可，其对创业教育理念非常重视，他们认为合理科学的课程结构对学生创业能力的形成非常重要。以美国斯坦福大学为例，首先，斯坦福大学将创业教育课程融入到整个大学课程体系中，通过独特的创业教育，学生可以将各学科知识融合在一起，形成综合知识。斯坦福大学在大学的第一年和第二年级是不分专业的，这样的好处是可以进行广泛的创业课程练习，创业教育在大学中的大众化，使每一名学生都有机会接触创业教育。经过两年的学习和训练，学生可以选择自己喜欢的专业继续学习，这充分体现了学生的自主性，自由的课程设置，为学生进行创业实践活动打下了良好的基础。其次，其学以致用的教学理念。斯坦福工程学院前院长弗里德利克·特曼率先提出了学术界与产业界成为联合伙伴，并应用到实践创业教育中，成功培养出惠普的创始人比尔·休利特等一批具备创新创业思维和意志的精英。

由此可见，美国创业教育体现了学生的自主性和实践性，超前的教育理念不仅帮助学生成功创业，更为重要的是可以促使学生形成"企业家精神"，以培养学生的综合素质和意志为目的，体现了其创业教育已经非常成熟。综上，我国的创新创业精神培育理念与美国等西方发达国家还有一定的差距，其课程设置的自主性、学以致用的育人理念，值得我们思考和学习，清楚了解国际创业教育的教育理念，深刻把握其发展方向，从而更好地推进我国大学生创新创业精神培育理念的建设与发展。

（二）改变传统僵化教学模式

在具有前瞻性和战略性的培育理念后的前提下，大学生创新创业精神培育还应该改变传统僵化的教学模式，传统的教学惯于教师"填鸭式"地讲授创新创业知识的同时，将创新创业精神的相关内容零散填充到授课中，学生只是被动地接受相关知识内容，没有自己的思考，由于没有独立学科的精神培育教学，学生很容易忽视创新创业精神的重要性，再者这种被动的教学模式的教学效果也极其有限，不利于大学生创新思维的形成，这样的僵化的教学模式不利于创新创业精神培育。创新创业教育模式存在三大阻碍：观念、资源、制度，高校改变这种单一僵化的教学模式尤为重要，这直接关系到精神培育的实际效果。改变传统僵化的教学模式，针对创新创业精神培育的特点，精神培育的教学模式要有有序性和可操作性。

首先，精神培育教学模式的灵活性。考虑到创新创业精神的综合性、实践性、前瞻性等，教学内容的复杂性、多样性，教学条件的局限性，精神培育教学模式应该具有高度的灵活性，以体现对创新创业精神培育特点的主动适应。其次，精神培育教学模式的方向性。传统的创新创业教育教学模式一般教学方向性体现得不强，教学模式应该围绕着教学目标展开，而精神培育的教学目标是培育大学生创新创业精神，在教学模式的每一个环节都应该突出教学目标的地位，从而更有效地提高培育的核心要素。最后，精神培育教学模式的实效性。我们知道创新创业精神是一种意志品质，这种意志品质是需要通过不断实践锤炼出来的，先进的教学模式应该体现出精神培育的实效性，重点突出精神培育的实际效果，不纸上谈兵，通过教学模式的完整性和可操作性来增强精神培育的实际效果。

先进的教学模式为理论和实践架设了一座桥梁，大学生创新创业精神培育的教学模式应该来源于教学实践，对现实中一些精神培育的教学范例进行优选和加工，得出实践应用中具有良好效果的教学模式，研究形成动态的教学模式，不断更新把握精神培育教学模式的本质规律，对大学生创新创业精神培育的提高具有重要意义。

（三）探索科学有效培育方法

大学生创新创业精神培育的方法是多种多样的，传统的大学生创新创业教育方法多为讲授法，多为一些大学公共课，由教师进行课上的讲授，学生被动接受。随着这种传统的培育方法的弊端日趋显现，教学效果差、培育实效性不强、缺乏自主性的问题突出，为了应对传统创新创业教育方法的弊端，有必要探索更加科学有效的培育方法。以下是对于创新创业精神培育方法的建议。

第一，培育方法个性化。每一位大学生都有自己的优势和劣势，针对学生的性格特点，结合基础教育，适当进行一些"私人定制"式的创新创业精神培育方法，对学生的教学效果往往会更好。例如，针对基础知识和创新思维非常强，但是动手能力不够好的大学生，高校的教师可以根据大学生的"个性"，适当增加其实践教学，培养其敢于开拓进取的实践精神。有的大学生的实践能力特别强，但缺少理论支撑，教师可以根据现实需要调整其专业课程和学习进程等。这样的"个性"培育方法可以因材施教，将大学生的潜在能力充分发挥出来，有效克服了"千人一面"的传统培育方法的弊端，尽最大可能满足大学生的个性化需求。

第二，培育方法的实效性。一个好的培育方法，一定是学生积极主动参与的培育方法，当代大学生朝气蓬勃，面对枯燥乏味的培育方法，往往缺乏主动性。提高创新创业精神培育的趣味性，让大学生接受精神培育，主动参与到精神培育课程中来，是高校培育方法变革的首要问题。精神培育的教师需要具备心理学的基础知识，同时高校在制定精神培育方法时，应该充分考虑到大学生的"逆反心理"，提高培育的趣味性，增强培育方法的主动性。

第三，培育方法的科学性。科学制定精神培育的方法要以科学的培育理念为指导，以教学实践为依据，不能凭借"传统"和"空想"去制定精神培育方法，高校应该敢于批判和怀疑，用实践得来的结果去质疑原有的"科学培育方法"，不断变革培育方法，形成动态的科学培育方法。例如，对精神培育方法进行定期的评价，统计出当下培育方法是否有效完成了教学目标，对培育方法进行严谨科学的诊断有利于促进精神培育的效果。

第八章　提升策略之四：推动大学生创新创业激励政策协同优化

第一节　大学生创新创业激励政策协同现状

创新创业教育是当代高等教育改革之突破口。强化大学生创新创业相关理论学习，同时通过实践活动提升学生的实操能力，成为具有强烈创新意识、高水平创新思维、优秀的实操能力的新时代创新型人才，是高等教育改革的重要课题。为激发大学生踊跃参与创新创业实践活动的热情，各级政府针对大学生创新创业教育陆续出台了不少政策，笔者将对宏观、中观、微观三个层次的创新创业激励政策进行梳理，明确现有激励政策的现状。

一、创新创业激励政策梳理

创新创业激励政策按颁发部门级别分为国家政策和地方政策。按采取的激励工具类型分为创新创业教育促进、创新创业资金及场地扶持、创新创业服务支持、创业税费减免、人才政策、金融服务类几大类。按政策目标群体分为宏观政策、中观政策、微观政策。具体发文部门有国务院、教育部、劳动和社会保障部、市场监督管理总局、税务总局、地方各级政府等部门。笔者按照政策目标群体对相关政策进行梳理。

（一）宏观政策

国家中央层面发布的创新创业政策中，自1997年起至2019年发文46篇，其中国务院及国务院办公厅单独行文21篇，几乎占一半。两个部门联合发文5篇，多个部门联合发文8篇。

分析发现，中央层面发布的46篇政宏观策呈现以下特点：1.部门单独行文为主，多部门联合行文较少。2.政治性色彩强，与当时的社会时代和背景密切相关。2014年、2015年、2016年发文较多，三年发文数合计31篇，近总发文量的70%。3.政策受众不仅面向大学生群体，还面向其他各类社会人员，针对在校大学生量身定做的且单独发文的创新创业激励政策极少。4.指引性为主，大部分文件未明确具体的执行细则。5.政策设计和制定时未向下级政府机关征询意见，同时向社会公开征询意见工作不到位。6.执行具有滞后性。

（二）中观政策

以广东省为例，中观政策包含了广东省人民政府、广东省人力资源和社会保障厅、广东省教育厅、广东省财政厅、广东省科学技术厅、广东省民政厅等同层次省级部门发布的政策文件。从发文数量看，与大学生创新创业相关性较强的文件有33份，其中2015年当年发文量为16份，2014年4份，其余年度发文量均低于4份。从行文单位数量来看，单独行文28份，联合行文5份。从发文目的来看，执行落实中央宏观政策而行文的超50%，根据地方形势需要制定相应激励政策而发文的不足20%，其余为配合同级横向部门相关工作需要出台，政治性色彩较强，行政命令痕迹明显。分析以执行落实中央政策为直接发文目的而出台的政策文件中，可发现，省级层次的文件滞后性明显。自中央政策颁布时间起算，省级文件出台落实性政策文件的时长为2月至1年不等，该数据揭露了省级地方政府对中央政策响应速度较慢，同时，从另一个层面讲，也反映出部门之间工作协调难，横向部门主体协作性不高，资源调配调配难及资源不足的问题。

（三）微观政策

以广州市为例，市、区级政府层面出台的创新创业激励政策主要目标群体是企业，为高校大学生创新创业量身定做的文件屈指可数。行文单位主要是广州市科技创新委员会，其次是广州市人民政府，区级政府出台的政策极少。市区级政府政策呈现以下特点：1.仍停留在执行上级指令状态。2.政策措施缺乏操作细则，政策受众无法直观办事流程和所申办事项所涉及的时间、地点、细节性要求等。3.政策有效宣传不足。

2018年广东省教育厅建立目标责任制，各高校根据省级政府工作指示开展创新创业教育。2018年1月初召开全省高校毕业生就业创业工作网络视频会议，对广东省高校毕业生就业创业工作提出具体要求并进行全面部署。全省151所高校与省教育厅签订了高校毕业生就业创业工作目标责任书，这意味着行政命令干预高校行动所向，督促高校有所作为，就在当年，广东省教育厅评选确定中山大学、华南理工大学、华南农业大学、广东工业大学、广东工程职业技术学院、广东工商职业学院等10所高校为广东省大学生创新创业教育示范学校（2018年—2021年）。创新创业示范性高校是相比同类院校而言，具较为突出的创新创业教育成绩的院校。

通过梳理高校出台的政策措施情况发现：1.无论是双一流大学、普通本科院校还是民办本科高校、高职高专学校的创新创业激励政策零散、政策不齐全，主要从实践平台、项目指导、创新创业项目资助中的某个或某部分维度鼓励学生参与创新创业活动，尚未形成系统性的政策。2.高校仍停留在依靠行政命令推进高校创新创业工作的状态，仍停留在执行上级政策状态，且对上级政策文件执行得不够到位，未及时制定更加详细的执行措施。3.众多高校创新创业政策未积极面向社会公开性发布，校际间的政策文件交流不足，社会对高校学生创新创业政策了解不够，政策制定过程中闭门造车现象普遍。

二、创新创业政策体系激励政策协同现状

结合对宏观、中观、微观政策的梳理，可发现不同层次的政策存在以下特点：

宏观政策特点：1.单独行文为主，多部门联合行文较少；2.政治性色彩强，与当时的社会时代和背景密切相关；3.政策受众广，为在校大学生量身定做的极少；4.指引性为主，大部分文件未明确具体的执行细则；5.意见征询不到位；6.时间上存在滞后性。

中观政策特点：1.从发文目的来看，政治性色彩较强，行政命令痕迹明显。时间上滞后性明显；2.部门之间工作协调难，横向部门主体协作性不高，资源调配难，资源不足。

微观政策特点：1.基层政府层面出台的政策主要目标群体是企业，为大学生量身定做的屈指可数。2.基层政府及高校仍停留在执行上级指令状态。3.基层激励政策措施缺操作细则，受众无法直观办事流程和所申办事项所涉及的时间、地点、细节性要求等。4.基层政策有效宣传不足。5.各高校制定的政策措施质量和数量参差不齐；6.学校的创新创业激励政策零散、政策不齐全，尚未形成系统性的政策。7.学校对上级政策文件执行不够到位，未及时制定更加详细的执行措施。8.学校政策未主动公开性发布，校际间的政策交流不足。

综上所述，可发现宏观、中观、微观政策在横向协同和纵向协同层面呈现出一定共性和非共性特点。下面，以广州市为例进行说明。

大学生进入较强创新性行业进行创业的比率非常低。据《2022年广东省高校毕业生就业质量报告》数据显示，2022年广东省高校毕业生自主创业2099人，占毕业生总数的0.39%。根据该数据可发现，广东省大学生的创业率仍较低。按创业类型对创业人数进行统计，现代服务业占41.16%，传统产业创业占14.48%；这些创业者中，选择在零售业创业的人数最多，占创业人数的19.06%，其次是文化艺术业，占13.10%，而选择在新兴行业和对创新要求较高的行业创业的占比较低，互联网和相关服务业占4.14%、软件和信息技术服务业仅占3.86%。可见，广东省大学生创业中仍然局限于对创新性要求不高的行业，而进入较强创新性行业进行创业的比率非常低。

广州市高校大学生对创新创业持积极态度。据广州市学者2022年对广州高校大学生创新创业调研的数据显示，配合接受调查的有1866人，其中1498人对创新创业表示支持，占比达80%；256人表示反对，占比为14%，他们认为大学生刚步入社会、经验缺乏，由此会导致创业风险过大不宜创业；112人持无所谓或持不关注态度，占比达6%。可见，当前大学生对创新创业持有积极乐观的态度，大部分学生认同大学生进行创新创业。

广州市高校大学生真正进行创业的不多。《2018年广东省高校毕业生就业质量报告》数据显示，在广东省实际参加就业的54.26万毕业生中，自主创业人数为2099人，创业比例为0.39%。据国内学者对广州高校大学生创新创业意向的调研数据显示，有1866名大学生接受调研，这些人中有1203人当时无创业打算，有663人有创业的打算，各占64.5%、35.5%。由此可见，虽然当前许多大学生看好创新创业，但实际有这方面打算的

学生并不多。大部分学生仍然以找工作为主。由此可知，虽然八成大学生认同创新创业，并对创新创业持积极态度，但真正付诸实际行动的人非常少。

第二节　大学生创新创业激励政策协同存在问题及成因分析

一、大学生创新创业激励政策协同存在问题

（一）政策体系间协同性不足

1.纵向层面的协同性不足

表现为源政策与子政策存在时间差。当前，创新创业子政策措施体系的出台存在明显滞后。中央层面的源政策出台后少则 2 个月，多则一年，省级层面才出台子政策，从出台时间上看，省级层面政府对中央政府政策响应速度较慢，子政策与源政策时间协同性不足。在省级政策出台之后，地方政府更多是转发省级政府文件，由于省级政策仍然起指引作用为主，没有进行较为详细的执行规定，因此各高校偏向于根据省级政府发布的有关文件规定的任务下限，各自设计制定和发布本校的创新创业激励措施，高校间未形成共同研讨制定政策措施的氛围和工作流程。在政策措施制定层面，院校间的互动、交流较欠缺，基本上"各吹各的调"。

2.横向层面的协同性不足

表现为同级别的相关联的政策体系没有同步修订。相关政策体系没有做到与创新创业政策体系同步更新，阻碍了创新创业政策进一步发挥功效。以高等教育管理政策中的毕业资格审核为例，目前实施的教育管理政策规定，毕业生毕业资格审核和学位申请审批程序为高校初审后报送省教育厅进行审核，审核次数和时间有明确规定，一般是每个学年一次，出现特殊情况的可补审一次。在此种规定下，学生参加创新创业活动的同时还需结合毕业的有关事项安排时间，如遇时间冲突，学生倾向于放弃创新创业活动。创新创业政策的有效执行需以其他政策同步更新为前提，否则再好的政策也难以发挥应有的效用。

（二）政策主体间协同性不足

政策主体间协同包含纵向协同和横向协同。纵向协同即高层政府、中层政府、基层政府、高校间的协同。横向协同即同层级政府之间、政府与高校间、政府与企业间以及单个组织内部部门间的协同。

政策出台存在滞后性，源政策与子政策之间、子政策与执行措施间的出台时间差问题，政策碎片化问题，配套资源调用难问题等都反映出政策主体协同性不足，既包含了纵向层次的协同性不足，也包含横向层面的协同性不足。近年，在产学研合作、协同创新的过程中，虽然不缺乏国家宏观层面的政策指导与计划，但协同创新各主体仍缺乏深入的合

作和紧密协同意识和协同机制，条块分割、各自为政现象仍然普遍性存在，传统的政策运行模式并没有得到改观，依然沿着确定目标、指派任务、照章办事、事后评价的模式进行。政策的碎片化、政策之间出台时间差距大、政策所需资源难以顺利配套等问题严重阻碍创新创业政策的实施和进一步的优化升级。政策主体协同性不足问题揭露了大部制改革没有得到深入推进，部门之间权责交叉问题依然没能解决。

（三）与实际需求协同性不高

表现为出台的政策措施不能满足基本创新创业需要，同时对于高层次的追求驱动力不足。根据国内学者"对学校创新创业管理的相关制度、办法及执行情况"的调查中，满意、基本满意的人数有 37%，不满意的有 10%，不了解的有 53%。可见，大学生对创新创业有关政策措施不了解，从另一个角度来说，激励政策措施未针对学生实际需求去设计，政策制定之前未做充分的调查。这种现象普遍性存在国内各地。上级政府不了解地方政府的实际需求和实际情况，同时基层政府未掌握高校学生的实际需求的更多信息，导致更多时候依据国家发展规划、社会走向、政府职能等因素去制定政策和措施，由此其采取的政策工具与政策受众需求不吻合。由此产生未最大限度满足高校学生的基本需求且对于学生高层次需求激励性不足的问题。

加强对需求型政策的重视。当前阶段走到了以市场需求导向的阶段，市场需求牵引市场经济走向。西方国家已经注意到市场需求所带来的重要影响，不少创新能力较强的国家根据市场发出的需求信号有针对性地引导供给方的活动。由于经济基础较为薄弱，经济发展水平有限，过去较长一段时间里，我国都处于关注供给型政策，忽视了市场需求的重要性，由此造成产能过剩和系统失灵等问题。提高需求型政策的应用水平，提高政府协调各方的专业能力，是提升政策成效的有效途径。

（四）与必备资源协同性不高

创业激励政策落实，需要创新创业环境、创新创业融资、创新创业教育等多个具体领域的支持。创新创业成效不高与缺乏配套资源具有直接关系。大学生创新创业不仅需要资金、场地、设备等基础性硬件资源，更需要配合实践活动的教育资源，如创新思维、创业素养、创新创业技术、课程、导师专家指导、专业化教育、成果转化市场等软件资源。一方面，基础硬件资源无法提供保障，软件资源开发不到位，供给质量和数量不能满足创新创业实践活动需要；另一方面，传统教育模式惯性，前期政府对当下社会形势预判不到位，以及软件资源开发进程较缓慢的特性，决定了当下无法在短期内拥有充足、高质的软件资源。

二、大学生创新创业激励政策协同存在问题的成因分析

（一）系统庞杂，统筹协调难度过大

基于国家统治管理上的需要及权力的集中性来说，统一化的政策有利于提高政策的执行效率和上层统治阶层意志的实施。由于中国人口众多、幅员辽阔、民族文化多样性特征

明显，因此，很难有适用于全国生产生活的通用准则指导和规制人的行为。在制定系统性的政策体系时需要衡量多维度、多层面、多主体、多目标等庞大繁冗的系统因素，其复杂性、难度及可操作性可想而知。为此，很长一段时间里，各地方在处理常规性事务时，地方政府采取因地制宜策略，即各自制定更合宜地方实际情况的方案，如此，造成地方官员自由裁量权较大，最终导致子政策和措施的制定、执行的质量和效率差异化明显。

（二）部门权职边界划分过清，阻碍政策体系间的协同

政策体系由相应的政府部门设计与制定，政策绩效一定程度上衡量政府效能，政策协同度很大程度上影响政策绩效。政府效能受到多个方面的制约，尤以"条块"结构最为显著，"条块"结构在不同方面束缚了政府综合行政效能提升和府际关系优化。条块关系的形成源于机构设置和权职划分。机构设置方面，从中央到地方，各级政府的设置都是按照上级政府的机构职能模式设置，下级政府向上级政府看齐。权职划分方面，同层级各横向政府部门的权职划分构成了各横向部门间关系，提升政府效能，发挥政策绩效，需要优化府际间横向关系，进而提升政策协同度。政策协同度，取决于府际关系。认准府际间的共同目标，同时一定程度上适当模糊化权职边缘，可提高部门间协作性。

（三）政府机构人员职能权限设置，影响政策主体间的协同

新公务员法明确规定公务员不能基于取得报酬的基础上兼任本职工作外的其他社会组织的职务。由此可见，我国法律法规间接上是不支持公务员兼任高等院校的有关管理职务及参与授课的。新公务员法的这种规定，不可避免地引起条块分割、政出多门、互相推诿的现象。多年来，横向部门间的各事项所涉及的协调难问题成为困扰政府机构工作效率和成效的瓶颈。条块分割源于我国的机构设置和职能划分和对机构人员的权限设置。各主体间由于各种权力限制、政策目标不一致、部门壁垒的存在、资源调配的限制、利益缺乏共享机制，导致协同不深入、协同性不足等瓶颈迟迟无法突破，难以从真正意义上解决协同创新、产学研合作遭遇的问题。从源头上解决主体间的合作不紧密，协同不深入的瓶颈问题，需要转变理念，重新研究定位政府机构人员的权力和职能设置问题。

（四）政策目标和利益的差异化，抑制主体间协同

1.政策目标差异化，形成不同利益圈

就近期中国许多政策的实际效用看，政策在某些方面存在政策目标不一致、政策效应不协同的问题。"一人一把号、各吹各的调""水过地皮湿、风过地皮干"这类现象不是个别存在，究其原因是不同政策目标群体间的利益不一致，政策目标群体没有达成高度性认同和利益共享。

调查得知，中央层级发文的目的遵循以下模式：目标任务的重要意义＋还存在哪些问题＋着手解决问题＋愿景。省级政府层面发文遵循模式：为落实上级源政策＋愿景。以上两个不同层级政府发文目的反映不同层级政府的政策目标的差异化，差异化的政策目标指向差异化的关注点，形成了不同的利益层。

政策主体间政策目标不一致，未建立利益共建共享圈，阻碍了政策的执行，影响政策

措施实施效果。中央层面的政策目标体现在政策内容上，为了做什么而设计和制定什么样的政策，属于主动型政策。而省级政府、市级政府、高校的政策目标为落实上级指示和规定，其工作目标和关注点侧重于政策是否执行，能否向上级交差，处于被动性采取行动状态。不同层面的政府单位所指向的政策目标存在差异性，这种差异性决定了工作关注点差异化，决定了最终政策的执行效果打折扣，达不到中央层面的期望和要求。形式化、完成任务式、一阵风式、变了味的政策实施现象屡见不鲜。此外，政府与企业、高校、其他社会组织等横向组织间没有形成建立共享的利益圈，难以调动其他组织的积极性。这些组织在政府执行任务时的主动配合意识弱，配合意愿度不高。

2. 绩效评价机制将高校分割成多样化利益个体，激发了高校间竞争

高校的许多资源尤其是经费主要来源于政府分配，政府分配高等教育资源的主要依据主要是绩效评价。如教育部在全国范围内开展高等教育质量监测、广东省教育厅组织的"创新强校工程考核"、专项教育资金考核等年度性绩效评估。绩效评价结果直接影响到高校的利益，绩效评价机制塑造和强化了高校间的竞争意识。

高校资源的丰厚程度决定了高校对人才、生源的吸引力度，政府对各高校的资源分配主要通过考评各高校的绩效，绩效评价结果决定了高校能从政府手中获取的资源量。由此，如何获取政府分配的更多资源成为高校的重要发展目标。另外，当前各高校学科专业、办学层次、发展定位同质化问题决定了对资源需求的相对趋同。高校对政府资源的竞争、对学校发展所需各级各类人才的竞争、生源的竞争、高校品牌形象等多方面形成了稳定而持续的竞争关系，校校合作，高校间的合作成为有限性的合作，校校合作难以真正深入、难以一体化。这种绩效考评机制决定了校校间的横向竞争关系，最终导致了校校协同的不紧密。

（五）配套资源存有量、资源调配受限

一方面，配套资源存量限制资源的供给。经济、社会等发展水平决定了当下的资源供给量。分配人数、分配方式、分配规则等决定了人均资源获得量。另一方面，资源调配权限决定资源供给。条块分割决定了资源调配权，其所带来的负面影响显而易见。

第三节　大学生创新创业激励政策协同优化路径

创新创业教育工作的成效取决于人、制度体系及配套资源，因此，问题的解决最终回归到政府职能设置、权责设置、制度协同配套设计、资源协同配套上来。创新创业教育成绩很大程度上取决于高等教育机构设置、人员配套、运行模式设计，本节进一步探讨现代化的高等教育机构设置、权责划分、运行模式可行性方案，并基于当下实际情况，从主体协同、政策体系间协同、资源配套协同等维度提出优化方案。

一、深入推进大部制改革，强化政策体系间的协同

设计制定和执行创新创业激励政策时，应协同革新关联驱动大学生创新创业的各类政策体系，提高创新创业群体获得感。创新创业激励政策与其他政策存在不可割裂的关系。如收入分配制度、人才认定政策、户籍制度、社会保障制度等政策体系与创新创业政策体系存在重要关联，这些政策体系对创新创业行为产生重要影响，影响创新创业政策发挥应有成效。

一方面，创新创业激励宏观政策主要由以国务院为领导的机构进行设计和制定，中观政策主要由各省政府及科技部门设计和制定，微观政策主要是由各基层单位根据省级政府部门的有关文件制定。府际间、组织间的协同度一定程度上决定了政策体系间的协同度。由此，中央层面政府应当从战略高度全盘考虑不同政策体系的关系，进而科学设计，提高政策体系间衔接度。例如，收入分配制度对创新创业群体产生直接影响，直接影响该群体的获得感，而收入再分配制度对创新创业起到间接性刺激作用。中央层面应结合创新创业模块工作需要进一步革新我国收入分配制度和再分配制度，坚决保护创新创业者的基本权益，在保障低层次劳动者生存需要的基础上，重视运用创新创业群体的投入产出比带来的驱动力量，提高创新创业的吸引力。

另一方面，政策体系执行主要依赖于基层政府，政策体系执行过程涉及多主体共事、资源调配、部门间协调合作等问题，在实际操作过程中，部门间深入合作、齐聚一心共同完成同个目标任务的情况仍然不多，更多情况下是部门间互相推诿，主动承担事务、遇事有担当的不多。大部制是政务综合管理组织体制，是一种扁平化管理组织形式，具有"大职能、宽领域、少机构"特点。此种模式下，政府部门权职范围更广，职能更加综合，责任更重，部门间扯皮的可能大大降低。大部制可以很好地解决政策主体间、政策体系间的协同性问题，大部制改革深入推进势在必行。目前，基层政府主要职能是根据基层实际拥有的资源和上级命令执行政策。深入推进基层政府的大部制改革，促成基层政府的部门进一步融合，减少基层横向部门条块分割，重构基层政府职责，减少条块关系带来的影响，为政策体系措施间的协同提供了可能。

二、破除兼任制壁垒，提高政策主体间协同

随着社会的不断发展，人们对工作效率、工作成效、资源利用率提出了更高要求，创新成为各组织提高效率、提高工作成效和资源利用率的重要因素。以政府、企业、高校、科研机构为代表的各类组织的传统边界逐渐被打破，组织的创新绩效更多时候源于组织间各要素之间的交换和流动，组织的创新模式也由传统的封闭式创新转变为开放式创新，在要素交换和流动的过程中，主体间的协同显得非常重要。政府、高校、企业、科研机构等政产学研主体形成动态互动互助可最大限度提升创新成效。在此种状态下，主体的工作模式由封闭式或单链条式转变为协同式合作的蜘蛛网状结构模式。新模式下对各主体间的协同合作深度和广度提出了更高要求。创新要素的整合很大程度上取决于政策主体的深度合

作程度，需要打破"一人一把号，各吹各的调"的传统组织运营机制，而政府官员兼任多个组织的领导职务为无缝隙合作提供了可能。

实施管理模式创新，探索试点让市级及各区市场监督管理局、税务局、民政局、扶贫办等局级干部兼任高校副校长、顾问，就业指导中心、创新创业学院、教务处的部长、处长、会长等，破除部门壁垒，提高组织间融合度。政校行企的社会功能的差异性决定了组织目标存在较大差异，由此各组织所追求的最终价值存在较大差别。在很多情况下，一个组织的战略规划和工作方向往往由高层领导定夺，可以说组织的金字塔最上方的顶尖领导决定了组织的行动方向。若由政府机关的高层领导兼任高校领导层职务，无疑就将高校的部分战略规划和行动方向与政府机构整体工作对接了起来，打通政校行企间的合作的"最后一公里"问题将成为事实。新公务员法规定的调任、挂职锻炼等交流方式及在其他企事业单位的无偿式兼职这几种规定是阻碍政校行企间深入合作的壁垒，产学研深入合作必须破除这个制度壁垒，如能与政府的整体规划、资源分配、人员调配、政策制定和执行形成密切对接，横向政策主体间的协同难问题将迎刃而解。

兼任制优越性显而易见：首先，强化了政府对高校、企业、行业的深入了解，提高相关政策制定的科学性合理性，同时让国家和地方政府制定的政策落实更加到位，提高政策设计的科学性和政策执行的效率；其次，通过权力从上至下去强力推进人财物等各类资源交换流动，促使政府资源、高校资源、企业资源及其他社会资源不断融合交换，提高流动性和利用效率，解决长期以来形成的条块分割、政出多门、政策主体间的协同合作难问题；再次，提高政府对各类社会资源统筹、调配、再分配的科学性，解决配套资源与政策间的协作问题，此外、解决子政策、政策细则、执行措施出台及实施滞后性问题；最后，解决政策措施间的内部协同性问题。

三、关注政策目标协同，建立利益共享机制

无论是制度创新，还是文化创新，抑或是科技创新，都须融入"协同创新"理念。协同创新是创新要素的整合阶段，创新要素的整合的协同度很大程度上决定了协同效果，由此，主体间的协同性是协同创新首要关注的维度。要解决"一人一把号、各吹各的调""水过地皮湿、风过地皮干"这类问题其实就是要努力推进政策主体协同，需要促成不同主体间的政策目标趋同，需要从根本上解决利益共享的问题。多元主体的不同利益需求需要政府从政策上予以巧妙规划和设计，研判在同一个任务目标下，不同主体间能从中获得哪些收益，设计出能引导不同主体共同支持同一个任务目标的方案，在完成共同任务、达到共同目标的同时使各方受益，提高政策激励成效。

政府官员兼任高校、商会、行业协会等社会组织的中高层领导职务为解决政府与高校间、高校与高校间、高校与企业间、高校与其他社会组织间协同合作问题提供了路径。对于政府、高校、企业、行业、学生和各类社会组织所产生的影响是不可估量的。

四、注重政策供给与政策需求间的协同，保持供需平衡

据《广州高校大学生创新创业情况调研报告》数据显示，在接受调研的 663 名有创业打算的创业大学生中，从创业动机来看，310 人为突显自身价值而创业，所占比例为 46.8%，几乎占一半；160 人认为"创业比打工赚钱"，占比 24.1%；74 人认为"创业更有挑战"，占比 11.2%；16 人认为创业是迫于无奈，占比 2.4%，而剩下的 103 人（占比 15.5%）选择了其他原因。可见，大学生创新创业主要动力来源于低层次的生理需求和高层次的自我实现需求。因此，创新创业政策设计和制定政策应当从两种不同驱动因素着手，兼顾两种不同类型创新创业动机，最大限度发挥动力因素的积极作用，以提高创新创业群体的获得感。

因此，在制定政策措施之前，应当事先做好调查，一方面了解下级单位实际情况，另一方面了解政策受众的实际需求，减少政策执行阻力的同时提高供需匹配度，减少资源浪费，降低政策失灵率，此外，每年年底应对当年出台的政策进行调查和评估，不断调整、细化政策措施，提高效力。

五、关注资源协同配套，发挥多元主体力量

资源配套问题不仅需要依靠政府的力量，更需要发挥企业、事业单位，其他组织等多元社会主体力量，吸引多元主体支持创新创业实践活动，为创新创业活动提供力所能及的配套资源。

协同配套大学生创新创业群体依赖性更高的基础性扶持资源和服务。一方面要加强众创空间等创新创业服务平台建设。《中国创业孵化发展报告（2022）》显示，我国众创空间数量保持持续性增长势头，各地区的众创空间数量近年增长迅猛。众创空间内的创业群体中，相对于其他创业群体，大学生对众创空间的依赖程度最高。另一方面，要加大对在校大学生创新创业活动资金的投入。大学生创新创业活动需要大量资金的支持，启动资金是困扰在校大学生创新创业行为的重要因素。

第九章　提升策略之五：完善大学生创新创业生态系统

第一节　大学生创新创业微观生态系统分析

在社会快速发展的大背景下，大学生创业似乎变成一种潮流、一种时尚，不去创业就意味着落伍。那么大学生创业者的现状究竟如何、大学生创业具有怎样的特点，本节将就大学生创业者的创业机会、创业动机、创业者的特质进行初步分析，并对主体特征形成的原因进行阐述。

一、大学生创业者主体特征

在创业机会方面，根据调查研究，大学生创业者是以"发现某种技术的商业潜质"或"发现某个市场痛点"为切入点而进行创业。经营技术型企业的大学生创业者一般是在初期就组建了自己的创新团队，在做创新项目、搞研发的过程中，看到技术存在的商业潜质从而选择创业；经营服务型企业和资金型企业的大学生创业者，是在生活中发现市场痛点之后萌生创业想法。诠释了新古典主义经济学的理论，企业因需求而生。这一结果也与当今商业社会中极度注重用户体验的现象不谋而合，也体现出年轻一代对市场的重视程度与日俱增。

个案 1：其实一开始没有打算创业，我们本来都是一个学校社团里的，大家是因为兴趣、爱好凑在一起。后来在研发的过程中，发现机器人技术在市场上很有潜力，我们自身研发技术也需要资金。就这样开始走上创业的道路，对我们这种靠技术发展的企业来说，创业更多的是一种潜移默化、水到渠成的结果。（杨某，男，技术型企业）

个案 2：一开始有这个创业想法是在做家教兼职的过程中产生的，发现由于父母工作繁忙，自然对孩子课业的辅导时间就少了很多。家庭教育中实际存在很大需求，可以说是在这个过程中看到了市场的刚需。发现这个机会之后就联系了几个志同道合的伙伴，开始创业做这个事情。（王某，男，服务型企业）

在创业动机方面，根据《中国大学生创业报告》中的数据显示，大学生创业者去创业的最大动机是"实现个人理想，想当企业家"，其次是为了追求自由自主的工作和生活方式，为了赚钱去创业排在第三位。与本研究基本吻合，大学生创业的动机不再是以挣钱为目的的生存动机，而是在创业的过程中实现自我价值和追求自由自主的生活方式。在选择创业的同时，也是对自己未来生活方式的选择。

个案3：对于创业，我更多的是把它当作一种梦想、一种情怀，创业本身就是为了梦想而改变时代的存在。在追逐梦想的过程中实现自己的价值，是一件无比快乐的事。或许每个创始人都会把一手创立的公司当作自己的孩子，每位父母都希望孩子活下去并且健康长大。成功在创业者面前，不再是金钱能够衡量的，更多的是一种回馈社会的价值。帮助到多少人，改变了什么，做些有意义的事才不枉此生，这也是我的人生信条。（孙某，男，技术型企业）

在调查创业者应具备的特质方面，具有超强的抗压和抗打击能力排在第一位，拥有敏锐的市场眼光和创造能力排在第二位，拥有冒险精神排在第三位。熊彼特主义曾指出，敢于冒风险的开拓者才是真正的企业家。企业家必须拥有某种特殊的心理素质。但在实际调查研究中发现，冒险精神仅排在第三位。

根据扎斯特罗的社会生态系统理论，他强调在微观系统中的生物因素、心理因素及社会因素对于个人行为的影响。通过对被调查者的访谈，研究发现从个人角度看，男性大学生更具创造性，善于理性分析并发现创业机会；在生理及心理上更具抗压能力。因此，在创业人数上以男性居多。在创业动机的选择上不同于以往，这不仅与大学生创业者自身所受教育有关，更受各种社会因素影响，宽松的社会环境促使大学生勇于追求梦想，进行自主创业。

二、创业过程中主要障碍：自身积累不足

在微观层面，就大学生创业者主体而言，创业过程中遇到的主要障碍是自身积累不足，包括初始资金积累不足和人脉积累不足。自身积累不足导致创业资金短缺和融资渠道少，创业初始资金也多为自筹。因此，大学生创业者在起步阶段是比较困难的。

在创业的过程中，资金的重要性不言而喻，从初期的项目研发、中期的市场传推广乃至后期的商品维护与技术创新，这一系列创业活动都离不开资金的支持。大学生创业者自身资金积累不够，一般缺乏创业前期的资金储备。此外，在创业过程中，企业主体的社会关系对创业过程十分重要。根据创业过程的社会学分析表明，在初创企业中融资的主要渠道是依赖社会关系，通过社会关系的运作而获取资金。费孝通先生同样指出，中国是一个人情社会，人与人之间的关系是像"水波纹"一样的差序格局结构。而大学生创业者由于自身空间和能力限制，能接触到的人脉资源十分有限，由此更加剧了融资渠道少的问题。不断补充资金才能使创业项目逐步推进，而资金缺乏和融资渠道少会严重制约大学生创业活动的深入展开，延缓初创企业的成熟时间。

个案4：我创业的钱基本是来自生活费、奖学金之类的，学校方面也给了一些创业补助。平时在资金这方面的积蓄也不多，企业创立的时候就和我们团队的几个伙伴一起想办法，东拼西凑才集齐了公司的起步资金，但这些对于企业发展来说是远远不够的。不往远

了说，就是现在要想把研究出来的东西做成产品就是一个砸钱的过程。我们大多也没什么人脉，很多时候只能靠自己一步一个脚印地往前走，更别说通过人脉去融资了。我们基本靠参加面向投资机构的路演和科技比赛吸引投资者，希望通过这种方式让他们看到公司的潜力。但是暂时还没有吸引来风投机构或者天使基金，现下只能等第一批的产品上市有人购买，我们才能实施下一步的计划。要是市场不理想，估计回本都很难，不过我对我们的项目和产品还是挺有信心的。（李某，男，技术型企业）

大学生创业者自身积累不足，特别是缺乏人脉资源，致使其创业融资困难。在向风投机构或天使基金寻求融资未果的情况下，在一定程度上对大学生创业者的心理造成影响，逐渐丧失寻求外界帮助的信心。创业的艰辛过程又增添了大学生创业者的生理负担，在生理和心理因素的双重影响下，大学生创业者更倾向于通过企业自身缓慢发展取得融资，从而缺乏扩宽自身人脉的动力。

在微观层面可以看到，大学生创业者对于创业机会的觉察是"发现某种技术的商业潜质"或"发现某个市场痛点"；大学生创业的动机不再是出于生存动机，而是在创业的过程中实现自我价值和追求自由自主的生活方式；在创业者应具备的特质方面，具有超强的抗压和抗打击能力排在第一位。由于自身缺乏资金和人脉的积累，大学生创业者普遍存在缺乏资金和融资渠道少的现象，大学生创业在起步阶段比较困难。

第二节　大学生创新创业中观生态系统分析

大学生创新创业生态系统的中观层面包括创业团队、家庭以及校友方面。本节将围绕大学生创新创业的中观层面展开，对中观层面各子系统与大学生创业主体之间的关系及存在的问题进行详细阐述和分析。

一、创业团队基本特征及创业模式

在创业团队方面，研究发现在人数、成员组成及其能力方面具有以下基本特征。研究发现大学生创业团队的创始人人数平均在 3 到 5 人，创业团队人数在 10 到 20 人，团队规模不大，属于小微型企业。团队成员多为同学、校友，结交方式大多是通过学校社团、相关创业项目的交流会或创新设计大赛等，企业创始人彼此间信任程度及依赖程度较高。过人的技术能力、极强的团队精神和高度的责任感被认为是创业伙伴应具备的最重要的三个条件。大学生创业者在与创业伙伴的沟通交流中，迸发创业灵感；在遇到项目难题时，互相扶持共同解决。从不同的角度分析问题，可以使成员们对创业过程有更全面的把握，大学生创业者从创业团队中获得技术支持和情感认同。

个案 5：团队对于创业来说实在是太重要了，创业伙伴实际上是你的左膀右臂，无论从技术上还是情感上。一个好的创意、成熟的观点往往是在激烈的探讨中出来的，我们经常会因为观点不同而产生分歧，但正是每个人的想法不同才会不断促进企业向前发展。创业真的很苦，毕竟收获和播种不在同一个季节，这当中隔着的时间就是坚持吧。每当觉得气馁、失落的时候，团队中总有一个人站出来调节气氛，给大家鼓劲加油。这种互相扶持的情谊，是一般人体会不到的。（金某，男，服务型企业）

个案6：我的创业伙伴有一部分是我的室友，因为我们学的专业类似，技术上自然不必说都是信得过的。还有一部分是在参加创业项目研讨会时遇到的，就像那首歌唱的那样，确认过眼神，我遇上对的人，你知道那种感觉吗？就像在茫茫人海里一直寻找，直到他的出现，你知道这就是你要找的人。我们彼此都非常信任，也都很有责任感，出现任何问题基本都在第一时间沟通解决。（魏某，男，科技型企业）

大学生创业者由于自身能力和社会资源限制，能够接触并深入交往的人际网络十分有限。因此在创业规模上偏小，在成员组成上以容易接近的同伴群体为主。由于大学生创业企业在资金与人员上都处于相对匮乏状态，要想企业生存并发展下去，就对创业团队内部成员提出了更高要求，不仅对个人能力存在相应需求，更需要团队成员具有沟通协作精神和承担责任的使命感。

根据大学生创业模式，将创业企业划分为以下三种类型：一是技术型创业模式下的科技型企业。此模式下的企业具有以下特征：受专业领域影响，以此模式创立的企业团队成员基本来自同一学科背景，不存在跨专业创业现象且平均学历比较高。此外，在高新技术创业模式下的企业因其以科学技术创新为核心发展，使其自身更具有竞争力，不易被超越和模仿。二是服务型创业模式下的"互联网+"服务型企业。不同于传统模式下的服务型企业，这类企业基于"互联网+"创业理念，利用互联网大数据分析用户需求，针对特定用户群体的需求，提供具体的服务与产品。任何企业都不能覆盖全部的网络资源信息，在"互联网+"产业领域仍有尚未被开发和利用的资源，这一资源特性成为大学生创业者选择这一理念进行创业的主要原因。三是资金创业模式下的加盟型企业。此类企业主要是通过加盟的方式创立企业，在此过程中创新经营理念与管理模式。后两种创业模式下的企业具有相似特征：因受专业知识影响较小，创办企业的大学生选择跨专业创业，且学历参差不齐。此外，创办的企业因相对缺乏技术，容易被同质化企业替代。通过对三种类型企业的对比分析发现，前两种创业模式更符合我国当前的发展趋势。根据科技创新文化的相关研究表明，社会经济的发展是由科技创新推动。由此可见，第一种技术型创业模式下的科技型企业在促进中国经济发展的同时，在一定程度上也推动了中国制造向中国创造的转变。

二、创业团队不稳定的"主客观"因素

根据调查研究发现，大学生创业团队普遍存在稳定性差的情况，主要分为主、客观两方面因素，主观因素是创业团队管理不当，客观因素是创业团队易受外界环境变化影响。

创业团队不稳定的主观因素主要是创业团队内部管理不当，从而导致团队稳定性低、团队成员流失比较严重、创业效率不高等现象。创业团队的稳定、团结是一个企业良好发展的基础，其重要性不言而喻。然而，在访问的企业中却普遍存在管理问题，人员流动性

较大、稳定性差。产生这一问题的主要原因一方面是由于创业大学生在学业与创业中奔走，很难空出大块时间进行系统的管理知识学习；另一方面是由于缺少专业人士的指导，接触、学习管理学的知识会比较片面。企业管理不当会导致团队成员军心涣散、缺乏创业热情和动力、各部门职能混杂不清，从而降低劳动效率，阻碍企业运行。所以，企业应该格外重视管理问题，不能因企业规模小就忽视管理的重要性。

个案7：企业越做越大，项目越来越多，肯定需要更多的人手。新成员也会带来新的想法，所以我们对待招聘还是十分看重的。像我们想培养一个新人真的挺不容易，基本上得从头教。从招来到教会，再到能正常处理日常工作差不多得一个月甚至更久。大多数情况是刚教会就跑了，成了给别人做嫁衣。企业管理方面确实存在一些弊端，员工福利待遇不是特别完善。各部门职能分化也不是很明晰，招聘、培训之类的一般是谁有空谁就接手了。毕竟企业也是在成长期，肯定没有大公司的管理体系完善。（刘某，男，资金型企业）

创业团队不稳定的客观因素主要是创业团队成员易受外界环境变化的影响。比如创业团队会受到升学、就业等不可抗的外在客观因素影响，从而导致团队成员的变更。尤其是企业创始人员因客观因素退出创业团队，会对企业产生巨大影响。因而，这就对创业团队成员的创业热情和责任感提出了要求更高。

个案8：我们是在大三、大四的时候开始创业的，在临近毕业时企业面临着很大的人员变动。最艰难的时候整个工作室只剩下我自己，大家那个时候都忙着考研、出国留学或者找工作。感觉上像一个大家庭瞬间就四分五裂，但是也没有办法。经过一段时间的挣扎吧，最后还是有两三个人决定留下来继续创业。（曹某，男，技术型企业）

扎斯特罗的社会生态系统理论一方面强调小规模群体对个人的影响，另一方面强调个人行为对这些系统的重要影响。因此在分析创业团队的不稳定因素时应看到，大学生这一群体本身就具有一定的不稳定性，而由大学生组成的创业团队由于主、客观因素就更具流动性；创业团队的不稳固又进一步促使团队成员缺乏归属感，人员流失现象严重。

三、家庭对创业模式的影响

在对大学生创业者进行访谈时，当问到家庭对其创业过程有哪些影响时，虽然绝大多数创业者都表示家庭在他们创业的过程中帮助很小。但在研究中发现，选择技术型创业模式的大学生创业者，其家庭中父母受教育程度普遍较高，学历集中在本科，多从事教师、工程师或公务员等社会地位较高的职业。而选择服务型模式及资金型模式创业的大学生，其家庭中父母受教育程度普遍较低，学历大多为小学或初中，职业偏向于农民或工人。极少数大学生创业者在选择创业模式时，其父母受教育程度、职业及社会地位也存在相反的影响情况。这些大学生创业者家庭的共同特征是，家庭氛围比较自由，会对子女的行为提建议，但不干涉选择。父母性格都比较要强，对子女也有较高期望，普遍希望子女从事有发展前景、受人尊敬的社会行业。

　　个案9：我觉得我父母对我创业没什么太大影响，要是有影响的话我觉得是民主的家庭氛围，父母很多事都会聆听我的意见，跟我一起商量。还有就是性格方面受我爸影响更多，比较坚韧，对事情也很执着。他虽然受教育程度不高，但他做什么都很努力，也很爱学习。我记得小时候有一次因为害怕考试考不好而没去考试。我爸知道后没有打我，而是和我聊了很长时间。我记得特别深的是他跟我说，爸爸从不会因为你做的不好而责怪你，什么事尽力就好，但你不能逃避更不能放弃，这句话我一直记到现在。（郭某，男，资金型企业）

　　家庭作为扎斯特罗社会生态系统中观层面的重要子系统，对个人成长具有重要意义。在研究中发现，家庭对于大学生创业者的影响往往是潜移默化的。良好的家庭氛围和民主开放的交流环境使被调查者更富有创造力和勇气，因此被调查者更善于发现商机并勇于开辟新的道路从而进行创业。被调查者父母的受教育程度及社会地位使其对大学生创业者产生不同的影响，在学习能力、社会交往等方面呈现出差异，这种差异性促使大学生创业者选择更为适合自己的创业模式。

　　改革开放四十多年，我国家庭也发生急剧变迁。对于大学生创业者来说，在创业的艰辛路途中，父母的安慰和鼓励对他们来说是最好的动力。此外，家庭内部的社会资本（包括财政、人力等）、外部社会资本（包括社区等）对个体的教育与心智都有着重要影响。但在调查中发现，大学生创业者的父母对他们的创业行为基本持不支持也不反对的态度。受中国传统思想影响，大多父母对于子女的职业期望是"体制内"的工作，比如公务员或教师等，希望子女过上稳定的生活，创业在他们眼中仍是十分冒险的行为。出于对子女成年后决定的尊重，父母无法过多干涉，最后只好选择闭口不谈。然而大学生创业者也表示无所谓的态度，只要不反对就好。这表明父母与子女之间在创业一事上缺乏沟通，使双方都处在一个相对被动的状态，家庭没能在精神上和资源上为大学生创业提供帮助。

　　个案10：如果父母能支持我创业，做事的时候我当然能更一往无前，毕竟家是坚强的后盾。他们希望我能当个老师，赶快娶妻生子别折腾了，安安稳稳过一生是他们这一辈父母的期望吧，在他们眼里创业还是有风险的事。现在的状态就是他们既不支持也不反对，我觉得也足够。工作上的事他们不那么理解，我也很少和他们说。虽然我嘴上不说，但是内心还是希望他们能支持、理解我。（杨某，男，服务型企业）

　　由此可见，家庭中父母与大学生创业者之间缺乏双向互动。家庭中父母由于传统择业观对被调查者的创业行为实际上并不十分赞同，而被调查者因没有得到父母对其创业的主动帮助而回避与家人的沟通，这使本就持怀疑态度的父母与希望得到认可的大学生创业者之间形成代沟。

四、校友对创业团队的扶持

　　在调查中发现，校友对大学生创业者来说同样十分重要，校友是创业大学生可以利用的最直接、有效的资源。因同处于一所学校，相同的环境和氛围使他们更有归属感，在创业路上更能相互扶持。在创业理论上，通过校友会和训练营，校友在创业方法论、战略规划和商业逻辑梳理上为创业大学生提供帮助，并为创业大学生传授经验，尽量避免创业上的弯路。在技术上，校友为创业大学生进行新领域的科普，提供技术指导与支持，给出产品建议。在资源上，校友为创业大学生提供与投资人或投资机构对接的机会、给予商务合作与业务支持、帮助企业市场推广等。在精神上，校友之间互相鼓励、彼此支撑渡过难关。因校友无私帮助而受益的企业，在有能力回馈母校之时也都不留余力地帮助其他大学生创业，从而形成一种良性的循环互动。

个案 11：校友是我们能够最直接接触到的人脉资源，某大学出过很多优秀的校友，一方面这些校友成为我们的榜样，激励我们前行；一方面有些已经在某一领有所成就的校友，会回到母校给我们这些后辈传授经验，必要时还会提供一些物质帮助。这些校友对我们这些创业者是宝贵的，无论是从精神上还是实际资源上。有时候哪怕是聊聊他们创业路上踩过的雷区或者走过的弯路，对我们来说都非常具有启发性，可以让我们在以后的创业过程中考虑得更加周全。（汪某，男，技术型企业）

校友对大学生创业团队起到了一定的扶持作用，不仅在物质资源上提供了相应帮助，更在精神层面上鼓励创业团队。这种校友彼此间的资源共享与经验交流使创业团队更有归属感与认同感。校友的帮助使创业团队更好发展；反过来，创业团队的良好发展也是对校友资源的一种补充，二者之间形成双向促进的发展局面。

校友方面存在的主要问题体现在校友网络辐射范围和辐射程度上都具有局限性。虽然校友群体从理论技术、物质资源以及精神层面上都给大学生创业很大帮助，但研究发现校友网络辐射范围大多在本校内，辐射程度不是很深，资源配置利用不够充分。校友群没能充分发挥作用的根本原因在于，没有形成校友间的强连接社群体系和校友辐射带动作用。通过对斯坦福大学校友群的研究，可以看到斯坦福大学通过校友营造活跃的创业活动和创业教育，形成校友间强连接社群体系，并营造一种斯坦福效应，吸引来自世界各地的优秀学子。对初创企业来说这种集群可以使它们更容易吸引风险投资或天使融资，同时为企业的发展提供了良好的基础。毕业的校友通过多种方式回馈母校，增强学校的影响力并推动学校的发展。大学生创业者在校友资源中充分把握信息和机会，从而提高自身的商业运作能力。这种模式对于大学校友群体是十分值得借鉴的，在校友网络的辐射范围和程度上都可以得到进一步延伸。

个案 12：对我们来说，有能够提点、帮助一二的人已是非常值得感激的事。学校的校友们给我和团队都带来了很多支持，创业最关键的还是要靠自己，不能过分指望别人。但就目前的情况而言，校友群体还是有进一步完善的可能，如果能通过校友网络汇聚四面八方的人才和更多的投资者，这样可以带动更多想创业的人，对创业者来说也会有更多的机会。（金某，男，服务型企业）

通过研究发现，校友网络辐射集中在本校的主要原因一方面在于地理位置的限制，使同校校友间接触与联系更为紧密；另一方面是在心理认同感上，同校校友间更为强烈。这就使其校友网络辐射具有一定局限性，不能有效吸纳校外的优秀人才与有识之士，吸附效应不够明显。

大学生创新创业生态系统的中观层面包括创业团队、校友及家庭三个子系统。根据扎斯特罗社会生态系统理论在中观层面的阐述，强调小规模群体与个人之间的相互作用，通过这一视角对中观层面三个子系统与大学生创业者之间的关系进行阐释。创业伙伴、校友给创业主体带来的主要是技术和精神层面的帮助，而看似应该与大学生创业者最亲密的家庭却没能给这一群体带来预想的理解和支持，这与家庭成员的传统择业观和大学生创业者与父母缺乏沟通密不可分；大学生创业团队由于自身资源条件限制，因此具有团队规模较小，成员多为同学、校友等熟悉群体，彼此间信任程度较高的特征。此外，创业团队由于内部管理不当和易受外界环境影响等原因，创业团队成员流动性较大。大学生创业模式分为技术型创业、服务型创业与资金型创业；家庭对创业模式也具有一定影响，家庭中父母受教育程度及社会地位较高的大学生创业者大多选择创立技术型企业，而父母受教育程度较低的大学生创业者普遍选择创立服务型或资金型企业；校友方面存在的主要问题在于，校友网络辐射范围较小且辐射程度不深，没有形成校友间强连接社群体系和带动作用。

第三节　大学生创新创业宏观生态系统分析

一、基础体系：高校

（一）产学研合作趋势渐强

大学生创业主体处于新技术、新思想的前沿位置，而高校作为培育创新创业人才和孕育创业项目的基地，承担着创业的重任，与大学生创业紧密相连。高校具有提供创业教育和较快研发转移两方面的主要作用。在创业教育方面，根据调查作为工信部大学生创新创业示范基地，某大学已形成大学生创新创业教育和实践体系。多年前就设立了创新创业学分，开设了39门创新实验课、354门创新研修课、19门创业类课程，依托院系建立了15个科技创新基地和8个创业基地。学校每年支持设立1100余项大学生创新创业项目，三年共获得国家级资助375项，获得省级以上奖励2100项。

产学研合作实际上是高校将教学、科研与创业活动紧密相连的结果，是为了实现创业教育、创业训练和创业实践三位一体的良性互动，注重高校与科研机构之间的的人才流动。在产学研合作方面，某大学依托自身多种学科研究所，联合创业园区内技术型企业，形成完整的研发技术转移链，产学研一体合作优势显著。大学生创业者依托高校和科研院所学科技术，通过自主创新，将理念与产品相结合，促成产品进入市场。某大学向创业大学生提供资金和技术上的支持，与此同时创业园也为其提供商财税法等方面的帮助，以解除大学生创业者的后顾之忧。到目前为止，某大学联合创业园已成功孵化多家技术型企业，产学研合作趋势明显。

在扎斯特罗的社会生态系统理论中表明，个人也会受到与之互动的社会环境中宏观系统的重要影响。因此根据研究表明，高校产学研一体化的高度发展既提高了大学生创业者思想转化为产品的技术能力，又加快了创新型企业的孵化与成长。

（二）高校教育"顶层设计"欠缺

根据调查研究发现，虽然某大学在创业课程设置上建立了多种有关创新创业的课程，但大学生创业者表示自身参与程度不高，课程实用性一般、学习效果不太显著。相比较学校的创业课程，学校组织的其他创业实践活动，如学术交流会、科研讨论会、创业大赛等却使创业大学生受益颇深。由此可以看出，某大学在创新创业课程设置方面存在一定问题。此外，在研究中发现，在学校提供的创业政策方面，创业大学生最希望学校制定的创业政策是实验设备向学生开放、学校科研成果优先向学生开放和放宽学习年限，而这与学校实际提供的创业政策存在一定出入，并不能很好地满足创业大学生的需求。某大学在课程设置上存在的问题并不是特例，其他高校在课程设置上也存在同样问题。其主要原因在于一是创业课程设置上缺乏顶层设计，对总体创业课程的设置缺乏长远布局；二是学科之间在创业方面联系不是十分紧密，这就导致各学科之间不能及时传递最新创新创业成果；三是创业理论与创业实际相脱节，任课教师有相当一部分没有参加过创业的过程，纸上谈兵的教育对创业大学生来说收益甚微；四是学校的创业政策也与创业大学生的实际需求有差距，这说明学校对于大学生创业的诉求了解不够。

由于高校教育欠缺以了解大学生创业者实际需求为基础的顶层设计，特别是在课程设置与高校制定的创业政策上均没能对大学生创业者起到有效帮助，因此在一定程度上造成了教育资源在人力与物力上的浪费。

二、引导机制：政府

（一）政府导向作用明显

随着创业势头的不断前进，在国家的高度关注下，政府关于创业的政策不断涌现。旨在提出扶持政策的同时，简放政权、为小微企业提供更宽松的发展环境。如为创业大学生提供小额创业担保、简化办理企业登记注册手续、小微企业税费减免、提供创业补贴等。

国家在推进大众创业、万众创新的过程中，主要采取了以下措施作为创业深入发展的有效保障：一是明确深入发展"双创"是实施创新发展的主要载体。推进供给侧结构性改革，全面实施创新驱动的发展战略，着力振兴实体经济，必须坚持"融合、协同、共享"；二是在科技成果转化方面，要将科技成果转移转化的制度障碍打破，保护知识产权，优化激励机制，共享创新资源，加快科技成果的现实转化；三是在拓展企业融资渠道上，不断完善金融财税政策，优化投入方式，推动破解创新创业企业融资难题；四是促进实体经济转型升级，深入实施"互联网+"、新一代人工智能等重大举措，着力加强创新创业平台建设，培育新型业态，发展分享经济，以新技术、新业态、新模式改造传统产业，实现新型产业与传统创业协同发展；五是在完善人才流动激励机制方面，充分激发人才创新创业活力，促进人才合理流动，加快形成创新创业人才队伍建设；六是在创新政府管理方式上，持续深化"放管服改革"，加大普惠性政策支持力度，改善营商环境，加强文化建设，推动形成政府、企业、社会良性互动的创新创业生态。由此可见，国家无论是在宏观的政策导向上，还是微观具体政策的实施上对于"双创"都十分重视。

根据研究发现，正是在这种国家与政府引导的创新创业大背景下，越来越多的大学生选择创业。不可置否创新创业是时代的产物，而大学生创业者也是在此时代下出现的"双创"实践者。

（二）政府与创业实际"脱节"

在对大学生创业者进行访谈的过程中，发现在政府政策方面，有落实不到位的情况。而反映这一问题的群体，主要集中在近两年创办企业的大学生创业者之中。相比较而言，在2015年之后创办企业的大学生却对国家政策的大力扶持表示肯定，这与当时中央下达的关于创新创业的政策是密不可分。此外，大学生创业者还表示政府的创业项目对于中小企业较少涉及。政府方面存在问题的主要原因是，近年来政府方面对中小型企业的政策扶持力度不够，对中小型企业的发展缺乏信心。

政府部门在大学生创业实际中扶持力度还有待加强。一方面在资金审批上，应予以大学生创业者及时反馈；另一方面在相关创业手续办理上仍需简化流程。这将在一定程度上提高大学生创业者的积极性。

三、成长环境：社会

（一）社会包容程度提升

社会对大学生创业者的助力作用体现在集合全社会力量，为创业大学生提供积极的社会创新创业氛围，形成推崇创新创业的社会文化环境。文化的核心在于价值观，而创新创业文化的核心在于创新创业价值观。在研究中发现，大学生创业者认为社会对创业失败的宽容度比较高，社会创业氛围比较宽松。包容的社会创新创业环境，对于大学生创业者来说，可以使其提升自信心，敢于承担风险，勇于创业。宽松的社会环境有助于创新意识的迸发，可以激发大学生创业者的创业热情。

相对宽松的社会环境无疑促进了大学生创业者新理念、新思想的涌现，也促使其勇于尝试新服务、新产品，新事物的发展需要经历不断地试错，而社会包容的大环境使大学生创业者有更多的机会完善企业。

（二）"软硬件"条件落后

"软件"上的落后主要指的是，在对社会文化规范上缺乏合理引导。现阶段，社会上没有形成良好的创新创业文化氛围和正确的社会舆论导向。现如今人们受多元化、全球化影响，社会文化处于既开放又功利的状态。人们做事往往急切地想得到一个结果，"求快风气"甚嚣尘上。而创业似乎成为成功的代名词，只要创业就能很快成功，这种对成功和创业误读让很多人迷失其中。大学生创业者也不可置否地受到这种舆论的误导。

"硬件"上的落后主要指的是，在社会基础设施方面存在不足，与企业所在的地域发展情况有关。根据高科技的地区差异研究表明，各地区存在的资源差异、经济水平与政策差异是影响高科技创业的主要因素。技术创新是多种主题与机构间通过复杂的相互作用产生的结果，这既包括系统内部各要素的调和，又需要外部硬件条件的支持。在把想法变成产品的这一过程中，技术对接加工显得尤为重要。但在实际创业过程中，因地域原因少有平台能为大学生创业者提供这项服务。据城市创业指数统计分析，城市创业指数最高的地区是北京，长江三角洲地区处于第二梯队，东北地区得分相对比较低。黑龙江省是老工业发展基地，在科技创新上发展比较缓慢，科技上下游产业链不完整，配套的基础和服务设施也还不够完善。因此，对于技术型企业的发展起不到很好的支撑作用。

综上所述，正是这种"软硬件"条件上的落后，阻碍了大学生创新创业的步伐。在"软件"上，社会文化规范上的缺失促使大学生创业者存在求快心理，错误的舆论导向使大学生创业者急于求成；而在"硬件"上，社会基础设施的欠缺，致使大学生创业者缺乏技术资源支持，特别是对创立技术型的企业来说，相对延缓了企业的发展进程，也使该区域人才由于对此失去信心而向外流动。

四、支撑机构：企业

（一）民营企业的有力支撑

民营企业是现代市场经济的主要载体和细胞，作为大学生创业教育的实践平台，以及研发转移的中介角色，对大学生创业有着重要影响。民营企业主要从三方面对大学生创业起到支撑作用：一是搭建大学生创业平台。企业通过自身资源，与政府、高校合作构建创业实践基地，为创业大学生提供创业平台。二是扮演研发转移的中介角色。在政府政策的带领下与高校合作，实现研发成果的转移，弥补高科技成果转移中的不足。三是企业与创业大学生以互惠为前提，签订定向协议，企业占有一定初创企业股份的同时为创业大学生提供各方面支持。由此可见，民营企业对于大学生创业者发展具有不可忽视的重要作用。

（二）企业社会责任感缺乏

在调查研究的过程中却发现，大企业对中小型企业发展的作用较小，共生现象并不明显。著名经济学家赫尔曼·西蒙曾提出，中小企业是经济发展的核心动力。企业家和企业家精神是改革创新、经济发展的重要元素。中小企业与大型企业比较而言，在投入的创新力量上相当，但在创新产出上却略胜一筹，在创新强度和效率上也更占优势。但在实际中，大型企业由于缺乏社会责任感，对于中小型企业的创业项目及其自身的技术能力大多持怀疑态度，由此成为限制双方合作的根本原因。而双方接触渠道的缺失，是企业间互动不足的另一个主要原因。

此外，企业缺乏社会责任感的另一个表现是好的创意容易被抄袭和剽窃，企业间同质化现象明显。其他企业的快速发展会对原创企业产生很大打击，这一现象在服务型企业中比较明显。由于企业缺乏社会责任感，一方面使大企业与大学生创业者创办的中小企业缺乏良好沟通与有效合作；另一方面，企业间相互抄袭的同质化现象使原创企业遭受损失。这些都对大学生创业者造成了打击，不利于创业企业的发展。

　　根据扎斯特罗社会生态系统理论在宏观层面的论述，个人会受到与之互动的社会环境中宏观系统的重要影响，以此为研究框架对大学生创新创业的宏观层面进行研究。在宏观层面，高校和政府虽然在一定程度上为大学生创业者提供物质帮助，但更多的是与社会、企业共同为大学生创业者营造一种适合创业的氛围，形成高校为基础、政府引导、社会助力和企业支撑四方合力的创业生态系统宏观层面。在高校方面，产学研合作趋势明显，既提高了大学生创业者的自主创新能力又为其企业发展提供平台。但高校由于总体教育缺少"顶层设计"，大学生创业者不能有效利用高校内部资源。在政府方面，政策导向作用明显，创业政策不断涌现，为大学生创业者创造了更为有利的发展环境。但由于政府政策落实以及政府职能部门存在相应问题，在一定程度上打消了大学生创业者的积极性。在社会方面，社会创业氛围比较宽松，利于激发大学生创业者的创业热情。但由于社会方面存在的主要问题在于"软件上"对社会文化规范缺乏合理引导，大学生创业者对创业存在错误认识；而在"硬件上"与创业相配套的社会基础设施落后的情况，相对延缓了技术型企业的发展。在企业方面，由于企业缺乏社会责任感，对大学生创业者的支撑作用相对较小。此外，企业间共生作用不明显，存在互相抄袭、模仿等现象，致使大学生原创企业遭受损失。

第四节　完善大学生创新创业生态系统的对策

一、大学生创新创业生态系统关系

（一）大学生创新创业生态系统各层面关系

　　关于各层面关系的研究，主要是从横向的角度对创业生态系统进行分析，探索中观层面各子系统的关系以及宏观层面各子系统的关系。在大学生创新创业生态系统的中观层面，研究发现创业团队被认为是这一层面中的关键所在，而预想中对大学生创业主体影响最大的家庭实际上支持作用最小，更多的是一种潜移默化的影响。创业团队与校友之间是一种互相包容的关系，联系比较紧密，创业团队中有一部分成员是校友。二者具有相互促进、资源共享的特点，多对大学生创业者在精神与物质上提供支持。

　　在大学生创新创业生态系统的宏观层面，研究发现高校是这一层面最重要的子系统。高校对于大学生创业者的深层教育作用，尤其是对于技术型企业，高新科技的学习使这些大学生更多是在不知不觉的熏陶下形成创业的想法。尤其是在产学研方面，高校起着承上启下的核心作用，是大学生创业者使技术对接产品的主要营地。在实际调研的过程中，预想中的政府作用与高校相比，其影响略逊一等，主要原因在于政府政策与大学生创业者的实际需求存在脱节。值得注意的是在宏观层面，高校、政府、社会、企业四方联动存在断裂，相互间联系不够紧密。首先，高校虽然在产学研合作上优势明显，但在研究中发现，高校的产学研合作大多限于本校大学生创立的企业，与社会上其他企业合作较小。高校与校外其他企业互动作用不明显，高校没能利用科研优势为大企业输送科技人才，而大企业也没能为高校的大学提供创业实践平台或担任为高校提供研发转移的中介角色。其次，由于社会缺乏正确文化规范，对高校和企业大多起到负面作用。社会文化规范的错误导向不仅影响着大学生主体，对高校也影响极深。尤其是"求快风气"与功利主义在高校中也十分明显，高校的许多新兴专业也应运而生。然而这些专业的存在是否合理，与社会需求能否有效对接，是否印证"毕业即失业"的结局却无人关心。人才过剩是否也是造成大学生创业者增多的客观原因，需要高校及社会进行深刻反思。此外，由于没有树立正确的社会文化规范，社会上的不良风气盛行，特别是山寨、抄袭等"拿来主义"十分明显。企业间互相抄袭，形成恶性竞争，缺乏对于创新的保护，也使许多刚刚起步的创新型大学生企业屡受挫折。最后，政府作为国家发展的重要职能部门，却没能在大学生创新创业生态系统的宏观层面发挥重要导向作用。无论是高校存在"功利主义"还是社会缺乏正确的社会文化规范再到企业缺乏社会责任感，都与政府职能的缺失存在紧密关系。政府对于大学生创业在宏观层面缺乏总体规划，对于大学生创业者不应仅仅从政策上进行鼓励，政府更应承担起责任，成为联合各方资源的"黏合剂"。

（二）大学生创新创业生态系统整体关系

关于大学生创新创业生态系统整体关系的研究，主要是从纵向的角度进行分析。大学生创新创业需要各个层面、各类群体参与支持创新创业，创业活动与其环境是紧密相依的关系。要实现大学生创业自发、企业有序运行的关键不仅仅在于大学生本身，更要调动其所处的生态系统环境的整体能动性。大学生创新创业生态系统是一个动态的过程，各个系统间不是孤立存在，各部分系统的功能也不是一成不变的。一个问题的解决往往需要整个创新创业生态系统的参与，例如创业教育的改进，不应仅仅是学校的职责，社会、政府乃至大学生主体都应积极参与其中。在这个机制中，各系统间相互促进、相互影响、相互协调又相互制约，具有系统、全面和可操作的特点。

从纵向关系来看，在大学生创新创业生态系统的微观层面与中观层面之间，大学生创业主体与创业团队、校友和家庭是一种被包含的关系。大学生创业主体的良好发展能带给创业团队与校友群体更多活力，在一定程度上也能够给原生家庭带来改变，特别是对于那些经济条件比较差的家庭。反过来创业团队、校友、家庭的稳定、和谐可以更好地使大学生创业者专注于创业。在大学生创新创业生态系统的中观层面与宏观层面，创业团队、校友、家庭可以说都是社会的组成部分，中观层面的稳步发展有助于高校、企业、政府和社会发展进程的推进。大学生创业团队与校友群体的创新创业能力直接影响国家的经济发展，对于宏观层面具有辐射带动作用。反过来高校、企业、政府和社会又对中观层面产生影响，只有宏观层面平稳运行才能保证中观层面活动的进行。在大学生创新创业生态系统的微观层面与宏观层面之间，大学生创业主体的创业行为为宏观层面注入新思想、新能量，反过来宏观层面又从制度环境、教育环境、社会氛围等方面对大学生创业行为产生制约。

二、改善大学生创新创业生态系统的对策建议

（一）微观层面：应做好自身职业规划，提升创新创业能力

从微观层面来看，大学生应正确、理性看待创业行为，做好职业规划。创业是一种理性行为，因为从项目设计、到产品研发再到市场推广，这一系列活动是理性的过程。因此，大学生不能因一时冲动而走向"激情"创业，这种做法无疑会指向失败。只有客观认识自我，明确未来职业规划，才能不断发展自我。此外，应促使大学生主体提高自身的创新创业能力，明晰创业中的行业壁垒。在创办企业的过程中，应适当转化思路，不断提高企业自身造血能力。针对特定客户群体提供有针对性的产品与服务，满足客户需求。使企业成为创新成果与市场之间的桥梁，完成资本积累。大学生创业者还应积极拓宽人际关系网，参与到各项创投活动中为企业融资创造条件。

（二）中观层面：应整合三方社会资源，形成创新创业有力支撑

从中观层面来说，应整合三方面社会资源，实现对大学生创新创业的有力支撑。在创业团队中，企业应尽可能不断完善各项规章制度，并利用企业文化的力量，将管理寓于企业文化之中，利用道德力量提高创业团队的积极性和责任感，加强创业团队的稳定性，提高企业生产效率；在家庭方面，大学生创业主体应主动与父母沟通，改变家庭成员传统择业观，取得父母在创业方面的有效理解和支持，进而获得父母的社会支持关系网；在校友中应加快校友群体资源网络的完善，形成校友群的强连接社群关系，强化校友群的辐射范围和作用，吸引更多优秀人才、有志创业者和投资机构，为大学生创业者提供更多有效资源。通过对创业团队、家庭和校友资源的有效整合，为大学生创业者提供强有力的支撑。

（三）宏观层面：应加强四方系统联动，营造良好创新创业氛围

从宏观层面分析，应加强四方系统联动，营造良好创新创业氛围。大学生创业具有冒险性，大学生创业行为本身也增加了社会岗位带动了经济发展。在缓解国家就业的同时，对于大学生主体来说也就增加了自身的就业成本。因此，政府、社会、企业有责任，更有义务联合起来主动为大学生创业者承担风险。从高校角度来说，高校应承担起对大学生创业教育的重任，尤其是在培养创新能力方面，要提升创新创业教育体系化程度和实践性。此外，在创业课程上加强顶层设计，做好科学布局。加强各学院、学科之间的联系，使高校最新创新创业成果可以在学生之间共享，打破学科壁垒。高校还应当与企业联合，邀请著名企业家到高校做演讲，与学生进行思想交流，扩宽大学生的眼界和格局。最后，学校应充分了解大学生创业需求，制定有针对性的校园创业政策。在政府层面，一方面要加强对大学生创业的风险保障机制，分担创业失败的可能性。另一方面，政府应提高对小微企业的信心，在扶持中加大政策力度。如加快资格审批过程、简化创业手续办理等，并适当让中小型技术企业加入到国家级创业项目之中。但值得注意的是政府应当避免过度干预，

营造适合创业的政策环境即可。在社会层面，应当规范社会文化，营造和谐创业环境，形成积极向上的文化价值观念，促成正确的舆论导向氛围。此外，社会应联合政府，加强利于大学生创新创业的配套基础设施、提高创新创业环境的软硬件实力，同时减小地区差异给大学生创新创业者带来的影响。企业应当提高自觉承担社会责任的使命感，客观看待中小创企业发展，积极参与到帮助中小型企业发展的进程中。增强校企联合，主动创造学习平台，进行技术交流、经验分享等，在沟通合作中互利共赢，彼此促进。针对企业间存在同质化现象严重，山寨、抄袭等问题，政府、社会和企业三方应相互联合，共同抵御不良风气。在提高人们对他人智慧结晶尊重的意识，增强创业主体知识产权保护的意识的同时，政府应制定相关政策加大对抄袭者的惩罚力度，社会则要负责营造良好创业氛围。中小企业自身也要不断创新，增加自身外部价值和增值服务，提高抵御山寨与模仿的能力。四方应合力共同为大学生创业者在社会营造理性的创新创业文化氛围，正确引导大学生创业，鼓励天使投资和风险投资对大学生创业项目注资，并运用多种方式拓宽大学生创业融资渠道。从而真正形成高效、良性的创新创业生态系统环境，促使大学生创业者成功创业。

第十章　提升策略之六：提升校企合作水平

第一节　校企合作与大学生创新创业教育概述

一、校企合作概述

（一）校企合作的内涵

近年来，世界各国对校企合作实践探索和理论思考采用了不同方式，全球的学者对校企合作的认知存在着差异化。简而言之，校企合作是指教育机构与各类行业在人才培养、科学研究和技术服务等领域开展的各种合作活动。全国合作教育理事会将其概念定义为：合作教育是一种特别的教育形式，它将教学与各种机构的有偿、计划和监督工作经验联系起来；它允许学生离开学校，在现实世界中获得真实的技能，并加强学生对求职方向的信心。王章豹认为，"生产—学习合作"意味着大学和企业正在培养大学生研究科学、发展技术、经营生产以及与大学生交流，分享彼此的资源、信息和平等互利的其他方面，相互补充、促进相互合作。

根据上述得出，校企合作的定义是指：学校与各行业在培养大学生、科研教育、开发技术和服务社会等领域开展各种合作活动，它的目的是用资源互补发挥机构、企业与学校的优点和潜在能力，实现学校与企业之间的双赢合作，即双赢。

最近几年来，国内校企合作发展迅速。在国内经济结构调整和升级的背景下，特别是目前各高校非常倡导创业教育，利用校企合作来实现创业教育受到学生等主体的欢迎。但是，根据我国目前创业教育的发展来说，校企合作效果并未达到预期理想。所以，要提高校企合作对国内高校创业的教育，需要探索校企合作中的内在规律、发展过程和特点，然后从其发展阶段和特点出发，提出对国内创业教育发展的策略。

（二）校企合作历史演变

有些学者认为，我国高等教育中校企合作的渊源可以追溯到 1985 年国家提出的校企合作发展的初步理念。不过，还有些学者认为校企合作的根源在于计划经济下政府主导的做法。从 1980 年以后国内才有了较大范围的校企合作项目。1992 年，全国第一届产学研联合开发工程工作会议上宣布的共同组织开展校企合作项目是我国校企合作的里程碑。所以，大部分学者认为该事件是我国校企合作发展的源头。近年来，国内校企合作蒸蒸日上。以下结合不同阶段的创业教育的发展，对校企合作的特点和不足进行更深一步的认识。

二、大学生创新创业教育概述

（一）大学生创新创业教育的含义

美籍奥地利经济学家约瑟夫·熊彼特首先提出并定义了创新的含义，对这一领域的研究具有开创性的意义。熊彼特指出创新就是"生产函数的建立"和"生产手段的新组合"。创新，顾名思义，创造了新的东西，即人类继续扩展客观世界的过程和结果的活动，即他们自己的认知和行为，为满足他们自己的需要。具体的说，大致有两种意味。一种是创造新事物的方法，这与创造的现实意义相同。另一种含义是存在一个存在的东西，更新它或创建一个新东西来替换它。在我国"创业"一词在《辞海》中的解释为"创立基业"，一言以蔽之就是开展拓荒性的业绩和成果。

创业创新教育将引导和培养学生具备创业者的基本素质和能力为根本目标，以理论学习和实践技能的提升作为着眼点，挖掘在校大学生的创业意识、创新精神、创新创业能力和心理承受能力等的教育模式和方式。从在熊彼特的定义角度可以理解创业者只有具有卓有的才能和良好的品质才能实现创新。

因此，创新创业教育是在技术创新、产品创新、品牌创新、服务创新、模式创新、理念创新、手段创新等维度的一点或者几个点创新而进行的创业活动。创新创业活动既不同于一般的创新活动，也有别于纯粹的创业活动，创新创业是将创新的意识和实践融入到创业中的活动，简而言之是建立在创新基础上的创业，创新是创新创业的特有性质，创业是创新创业的根本目标；创新侧重于原创性和开拓性，而创业的根本目的是通过实践活动得到利润最大化的行为。所以，在理解创新创业的认知中，一方面创新是创业的条件和根源，另一方面创业是创新地取得成就的体现和平台。

首先，创造性。创新创业者与传统社会中的技术型专家有明显区别。创新创业者需要打破常规思维，其需要不断地改变行为方式来实现生产要素的新组合。再者，实践也是创新创业者必不可少的一个环节。创新创业者不从事发明创造，而是通过实践，将已有的发明创造付诸实践，从而创造社会的经济价值。第三，创新创业者需要具备机会性。创新创业者需要在变幻莫测的社会经济环境中抓住机会。第四，优秀的思想品质。由于创新创业本身的风险较高，从而要求创新创业者具备顽强不屈的意志力。

通过以上的描述，创新创业统一了创新创业者对其目标的实现与价值的体现，需要人们具备一种能力，即有能力将创造力、创新意识和创新精神转变为成功的社会实践。由此，创新创业的最终目的是提高个人的创新技能，但是这个结果建立在能够树立正确的价值观、对各种资源的优化配置、协调创新创业团队组织、面对困难挫折抗压抵险等多元化的综合能力之上。

（二）大学生创新创业教育的内容

当前创新创业知识可以从以下几个方面来描述：一方面，当今社会优秀的创新创业，另一方面，社会对创新创业所持有的态度、相关的政策和法律制度对创新创业行为的支持等。能发现创新创业知识有个特点，那就是综合性。虽然从形式上来看创新创业是一种商业行为，但如果想要培养学生的创新创业能力就要考虑诸多方面，如创新创业思维和推理的模式，洞察力、想象力以及创造性的能力都是创新创业能力重要组成方面。因此，从浅层次到深层次来理解创新创业，想要体现创新教育，那么创新创业教育就是最好的实践路径。创新创业教育不仅可以丰富学生的知识，还有利于其适应未来不断创新的社会，这也展现了创新创业教育的本质特征。

简而言之，我们需要分析三个要素：

首先，人本身是创新创业教育最基本的要素，这里提到的人不仅是接受创新创业教育的学生，还有参与创新创业教育的各位导师。导师和学生一起参与创新创业教育和创业实践，还一起分享创新创业的成果。创新创业教育中最关键的是如何激发学生的创新创业热情，所以在开展创新创业教育前，要清楚地列举出哪些因素会影响高校学生参与创新创业教育的态度和方向。

其次，和传统教育课程多数是基于教科书的设计相比，教学方式有着基本特定的模式与思路。创新创业教育不可能完全抛弃传统教育的模式，即使被认为是变革性的，它依旧来源于传统的习惯与教学方式。它不仅仅是多功能性技巧与知识的学习，更多的是包括了从创新到管理的覆盖了所有领域的自我建构。从这个角度上来看，创新创业教育的目标并不仅仅为了记忆创业知识、了解创新创业案例，创新创业教育还必须深入到创业实践中去，认识到创业实际环境中面临的问题，并努力去解决相关创业问题。所以，创新创业实践教育可以改变传统教育的缺陷，只有创新创业课程教育和创新创业实践教育结合，才能让创新创业教育更好地发展。

再者，高校创新创业教育的发展必须随着外部环境与政府、企业和高校的相关政策变化。创新创业教育的展开以及创新创业教育效率的提升离不开的稳定的创业环境。更为重要的是校园的创新创业文化建设与思想传播，良好的校园创新创业文化将会激发学生的创业能力，培养创新创业意识。

（三）我国大学生创新创业教育发展历程的回顾

纵观目前来看，许多年轻人致力于自主创业，这一现象主要出现在改革开放以后，而对于目前来说，大学生也要成为自主创业的主力，但是目前来说我国很多国家还未为大学生开设这门课程，为了解我国大学生目前的教育情况，企业决定将对大学生创业展开调查与总结。

首先，当时大学生数量少并且包分配也较少，在大学毕业后大学生很难得到包分配的工作，因为从那时来看。那段时间国家的经济还不算稳定，那时的经济还不适合大学生去创业，所以在那时候根本看不到所谓的大学生创业者，那时大学生也未开放有关创业的课程，那段时间刚好大学生的创业属于白色阶段。

在 1985 年以后国家对大学生发生了改变，扩大了大学的办学自主权改变了一部分学校包分配的工作，在这种情况下，一部分学生必须自己找工作，得知这样的情况，国家决定为大学生创造机会，为一部分大学生开放创业课程，但只是在高校的试行，还未推广到更多的院校去。其次我国的创业教育也还未取得更多的效果。

经过一些大学的努力，为了学生创业解决了一些问题，从那时起我国为了鼓励学生主动去创业，用更多的方式去解决创业的各种问题。比如创业过程中资金的支持，解决了他们的注册等问题。1989 年国家决定举办挑战杯，参加的人员不断增加，大学生也在此过程中提升了创业的影响力。

2002 年到 2012 年主要为大学生创业的试行阶段。2002 年，教育部选取了 9 所高校作为测试点，分别为清华大学、中国人民大学、北京航空航天大学、上海交通大学、武汉大学、南京财经大学、西北工业大学、西安交通大学和黑龙江大学。这些院校要结合自己的校园文化，寻求自己的创新能力，因此，在国家与多方人员的帮助下，大学生创业教育试行也进入尾声，国家又接着推出一些支持创业教育的举指。在政府的扶持下不断加强大学生创业。随着迅速发展的新时代，我国的大学生迎来了创业的新时期。

（四）我国大学生创新创业教育的模式

目前我国大学生创新创业主要有三种模式。

第一种主要是以中国人民大学为首的课堂创业教育模式，主要以提高学生的能力为主，以提高学生的素质为其次，特点在于创业教育主要与学生的能力为主，鼓励大学生开展创业，鼓励学生参加各种的竞赛和活动。

第二种是以北京航空航天大学为代表的创业教育，主要提高学生的动手能力，特点在于如何去运行一个企业的运作，为日后的大学生创业提供基础，也为日后的大学生创业给予建议。其次学校还应该创立学院。而这个学院是为学生创业所提供的，学生可以做一份大学生计划书作为以后的创业目标。此外，学校还应该成立创业基金，对大学生创业进行融资。

第三种则是以上海交通大学为代表的综合式创业教育模式，该模式以本校作为创业教育的基础，在专业知识上这所学校更加注重的是学生素质，然而面对这一系列的问题，学校投入 300 万元的资金建立了很多实验室和创新的地方，全天向学生开放，以培养学生的动手能力为主。经过试行和每次的探索，大学生创新创业教育有了一个新的进展，现如今高校虽然没有把创业教育放在首位，但是也在一步步试行和培养学生，比如复旦大学，复旦大学形成了一套在校生创新精神实践—团队—团队扶持的模式。不仅这个大学这样，浙江大学也得到复旦大学的启蒙，也深入进行研究，总结创业的优点和缺点，学习见效快的创业模式。此外浙江大学决定大力支持自主创业。全国政协委员决定先把清华大学作为试行点，这正是因为清华大学的科技园是唯一的一级的科技园，而这种科技园正好可以满足学生创业。

综上所述，这些大学生创业教育都是我国大学互相学习以及各位老师在国外吸收的经验。通过不断地尝试，并在实践中不断地探索和总结、慢慢地完善，这些模式不仅仅借鉴了国外的成功之处，同时也有着我国不同高校的特点。

三、我国大学生创新创业教育与校企合作主体

（一）大学生是创新创业教育的接受者

大学生是创新创业教育的接受者。大学生创业的目的主要在于培养大学生的动手能力、创新的精神，从而去提高大学生的就业概率，对接受创业教育的学生来说，首先要知道创新创业教育需要自主性，由于大学生作为创新创业教育的接受者，大学生在创新创业教育上成为不可忽视的人群。大学生也需要与创业教育中的老师、企业等主体相互沟通，共享教育资源，以此来提升自己的参与性。

大学生在创新创业过程中可以激发个人主动去探索的可能性，在思想上，应对大学生创业教育提高重视，了解安排大学生创新创业教育的初衷，在创新创业教育的过程中，学生应该与老师相互配合与合作，充分利用企业提供的信息，其次了解企业的优势，结合自己的专业和兴趣参与到实践中。

（二）高校是创新创业教育的主阵地

高校作为大学生创新创业教育的起点，高校为大学生创新创业教育的开展提供了场地，大学生创新创业教育也是靠着高校来举行的，高校作为大学生创新创业的主阵地，在大学生创新创业过程中，对高校来说，要加强对学生创业教育的重视程度。与老师之间做好沟通，通过高校创新创业教育的培训，要提高高校创新创业老师的教学水平，并且成立创业基金，同时也为老师提供了场所。为了促进高校老师的教学水平，为了学生合理安排创新创业计划，同时学校还应该为创业型社团提供便利条件。这为大学生创新创业开启了良好的开端，也使学生有了很大的兴趣。高校对外也要协调好关系，在政府的支持下开展创新创业教育。与企业合作。为大学生搭建起实验的平台，因为企业能为大学生提供知识，高校也能将知识与科研成果带给企业。企业也可以从高校中得到一些科研成果，以此来推进高校与企业的合作，同时企业也可以承担沟通的作用，高校则是沟通的角色，两者互相配合从而推动企业和学校的发展。

（三）企业为创新创业教育提供实践平台和资金支持

企业是大学生创新创业的参与者，在和高校的合作中，高校为学生提供创业教育资金和实验平台，企业在与高校合作的作用下要在高校之间进行资源共享，企业帮助学生在校外基础上搭建校外实践平台，这个平台供学生使用，其次还要与高校进行信息沟通，从而去促进科研成果的创新，企业为学生提供的平台也要为企业做出一步的发展，同时也要为企业带去活力。因为创业教育课程与实践性的双重要求，大学生自主创业也需要更多的资金。企业和高校合作的基础之上对高校提供资金，再由高校提供给学生，从而保持大学生创业资金的充足。

第二节　校企合作下大学生创新
创业教育的特征及存在的问题

一、校企合作下大学生创新创业教育的特征

（一）理论与实践相结合增强创新创业教育的针对性

首先，理论联系实际有助于大学生形成成熟的思想观念。马克思主义理论运用在中国的精髓是"实事求是"，马克思主义在中国的本质是对真理的追求。中国共产党的思想路线：一切从实际出发，理论联系实际，实事求是，在实践中检验真理和发展真理，大学生创新创业教育也要学习和遵守。

从实际出发，没有社会实践作为铺垫的大学生创新创业只是纯粹、简单的理论说教，是无力而苍白的，缺乏行动的土壤。高校教育中大学生能够树立正确的价值观念，达到这样的结果是理论与实践的统一，简而言之通过亲身参与实践的过程，在校园学习和社会实践活动中，学生们通过课堂和课本中所学的理论知识，运用理论联系实践的方式，并不断深化，将感性的认识和理性的思考结合起来，达到知行合一。同时，创新创业教育能有利于解答大学生学习、工作和生活中的疑问，增强创新创业教育的有效性和针对性。回望历史，不论是在高校还是在社会发展的过程中，理论与实践的结合，认知和行动相联系，都能够对大学生的成长成才起到推动作用。因此，通过实践可以有利于树立大学生的价值观，增强对社会的正确认知和理解，是帮助大学生成为合格公民的重要渠道。

其次，理论与实践结合，能够激发学生主观能动性，达到优良的思想品德，内化于心，外化于行。马克思主义基本原理的实践论中将实践作为检验真理的唯一标准，为大学生创新创业教育奠定了理论基础。实践不仅可以有效提高学生的能动性和创造性，而且能够检验对知识学习和理解的程度，修正学习的偏差方向，增强学习的效果和针对性，进而再指导理论知识的学习。但是，相对而言，一般高校的创新创业教育是单一的、片面的，将创新创业理论教育与实践分割开来，从而将系统化、全面化的创新创业教育变得孤立而封闭，缺乏针对性和有效性。理论与实践脱节，与大学生的成长和发展阶段之间存在一定差距，不符合其身心发展方向。在这样的情况下，容易造成大学生的认识和思想的不平衡，慢慢地丧失对创新创业教育的热情和兴趣，严重的将产生叛逆的心理和行为，使创新创业教育没有实现教育的效果和意义。

然而，将校企合作与大学生创新创业有机结合起来，有利于改善理论与实践脱节的现象。一方面学生在学校接受创新创业教育的理论，另一方面学以致用，将学习的知识运用

到企业的实践和生产中，通过全面、系统、完整的实践、归纳总结出理论学习中的不足，找到因果，逐步提升自身的综合素养。因此，校企合作下大学生创新创业教育人才培养模式，坚持发挥自身的主观能动性，培养独立人格和向上的人生态度，在学习中领悟真理的意义，在实践中强化对理论的认知。

（二）高校与企业互补突出创新创业教育的有效性

高校的教育与企业的发展在人才培养的目标和任务上有着共性，只是在教育内容和方式上结合各个的特征存在差异。因此，通过高校与企业之间的合作，资源优势互补，相互配合，强化培养学生的创新创业教育，达到切实的实效性目标。分析大学生创新创业的有效性，蕴含在大学生创新创业教育的培养过程中，以思想政治教育、实践实习等为载体，对接受教育的大学生进行价值观的引领、技能指导等，达到优质的教育结果。

首先，高校与企业合作，有助于创新创业教育乐学乐教、乐教乐研。高等教育虽然是开放式、包容式的教育方式，但是其教育环境是相对单一的，长期采用是填鸭式的教学方法和灌输式的教学手段，止步于理论层面的教育抽象而枯燥，这样的教学容易带来教育目标和效果的剥离，弱化了自身的主观能动性。诚然，企业在创新创业教育层面有不足之处。宏观而言，高校大学生创新创业教育的主要困境是封闭、孤立、欠缺对个人主观能动性的重视，企业在大学生创新创业教育中主要是缺少理论教育的系统性，达不到预期的教育效果。在校企合作大学生创新创业人才培养的方式中，高校和企业优势互补，互通有无，严谨有序的实践和喜闻乐见的企业文化有机结合，从而将大学生对创新创业教育的兴趣激发出来，乐学乐教、乐教乐研，让学生在宽容、舒适的环境中，在有形无形处强化教育。这样不仅仅改善了高校教学侧重于理论说教导致教与学脱节的情况，又强化了企业实践中大学生创新创业教育缺少理论指导的缺憾，增强大学生创新创业的实效性，达到良好的教育效果。

其次，高校与企业合作，将理论和实践相结合更能有效让学生把学到的理论知识运用到实践中去，可以直接促进大学生有直观体验与感悟。在过去的很长一段历史时期高校的大学生创新创业教育是纯理论的填鸭式教学方式，一方面学生本身没有创新创业方面的经验，觉得创新创业离自己还很遥远，持消极态度。而高校的创新创业教育理论较为空洞和抽象，单凭教师的讲解自己很难能够领会。致使大学生创新创业教育达不到预期的效果，也很难在学生间形成对创新创业讨论的学习氛围。另一方面，由于社会经济形式的快速发展，产业结构的不断调整，往往导致教材理论内容跟不上社会的变革，滞后于社会的发展，无法解决学生当前遇到的矛盾与困惑，导致大学生创新创业教育无法发挥出其应有的功效，同时缺乏对社会发展的时效性。而在校企合作的模式推动下，大学生接受创新创业教育的理论后，亲临企业的实践现场结合社会现实状况便能够将抽象的理论具体化，才能引发学生的思考。通过学生的亲身体验以及学生间的充分交流深刻感悟，并在高校与企业教师的正确引导下，学生通过思想上自我反省、行为上自我修正，会重新审视创新创业教育的重要性，达到开设创新创教育课程的目的，激发学生为将来步入社会能够更快更好地适应社会，而努力学习创新创业知识，提高专业技能和职业素养的热情。由此便切实地提高了大学生创新创业教育的功效与实效。

再次，高校与企业合作，有利于创新创业教育激发学生形成正确的"三观"意识。大学生创新创业教育的时效性在一定意义上来说是体现现实目标的实现程度，而大学生创新创业教育是通过学生的自我认识、自我肯定而提高积极性、主动性和创造性。在校企合作培养模式下，高校和企业不同的生活环境，文化环境，年龄结构以及企业紧张忙碌的工作、严苛的生产制度、复杂的人际关系，还有学生面临的就业压力竞争环境，使学生的学习生活受到了强烈的冲击。这就需要我们在大学生创新创业教育中充分地尊重、理解和关心学生，做到既教授学生理论知识又引导学生保持乐观向上的心态。在激发学生学习热情的同时，培养学生形成健全的人格，奋发向上、乐观豁达的心态和坚韧不拔的意志。

二、校企合作下大学生创新创业教育存在的问题

大学生创业教育不仅需要高校、教师、大学生自身的努力，而且还需要政府、企业共同支持，任何一个因素的变化都会影响创新创业教育实施的效果。

（一）大学生创新创业教育观念认识的协同性不足

人们通过大脑的思考来认识周围的事物，因思考的角度、所处的立场不同会对周围的事物产生差异性的认知结果。当然，大学生创新创业教育对不同的主题而言有不同的理论和实践意义，由此我们如何辩证地看待不同主体的认知对大学生创新创业教育发展的影响。在高校内部，大学生创新创业教育观念认识的协同性不足主要表现如下：

首先，高校、教师、学生三大主体对大学生创新创业教育认识不全面，主体立场较片面。比如：对于一些高校来说大学生创新创业教育就是为社会培养企业家，导致他们在教授课程时只针对那些有创新创业潜质和能力的学生，而忽略了那些处于懵懂期，具有可塑性的学生。大学生在高校学习期间本身就是学习知识、培养良好习惯、树立远大理想的阶段，这一过程需要高校老师正确地引导启迪学生。有些老师却片面地认为学校开展的大学生创新创业教育仅仅是想提高学校的毕业生就业率，只要学校超过或达到官方的就业率要求，就可以降低对大学生创新创业教育的重视程度，甚至可以不专门开设创新创业教育。导致国家社会提倡的"大众创业，万众创新"及大学生创新创业教育得不到贯彻落实。这不利于社会经济的更好发展。导致对从国家社会层面提出的"大众创业，万众创新"真正含义的错误理解。就学生主体本身而言，大学生创新创业的整个受教育过程就是教授如何赚钱，怎样才能具备创业的本领。他们时常认为创新创业是一个复杂而很有风险的系统性工程，自己本身就不具备这方面的能力且缺乏资金。因此，从内心深处就对大学生创新创业教育学习不重视，甚至是排斥。他们对未来工作的憧憬，往往使他们迷失脚下的路。创新创业教育给予学生的是方法和思考的方式，在学习的同时培养大学生创新创业的能力、团队协作的意识以及解决困难承担风险的勇气。

其次，虽然社会发展日新月异，物质生活水平也得到了极大提高，但是传统的教育观

念对他们的影响仍然根深蒂固，各主体缺少对大学生创新创业教育根本上的认同。唯分数论，一直是传统教育对学生考核的重要依据，而忽视了创新创业教育这一新概念对未来社会及个人的重要影响。企业在招聘时往往只看重学生的学业成绩，而看不到学生综合实力的展现。由于我国传统教育体制原因的影响，传统教育方式的长期存在，使学生在潜移默化中被教育体制化。因此大学生缺乏对创新创业教育中提出的提高创新精神、增强创业能力与培养团队合作意识内涵的根本认同，所以大学生在接受创新创业教育时容易产生消极情绪，缺乏主观能动性。

（二）传统思想影响大学生创新创业认知观念

在高校创新创业教育过程中大学生是整个活动的参与者和主要群体，其对创新创业教育的理念认知和实践技能等综合因素对创新创业教育的开展将会带来实质性的影响。目前，我们国家高等教育的革新紧跟时代的步伐，追求学生综合素质和能力的培养，积极提倡素质教育，即帮助学生树立远大理想信念、激发强烈爱国主义情怀、调整适合自身环境的成长心态，携手做好大学生思想政治教育，实现其成长成才。然而，近年来接受高等教育的学生所面对的校内外环境的影响更加侧重于传统的应试教育，带来的结果就是从思想和态度上大学生轻视创新创业教育，主观上简单地认为创新创业教育是某些有创新创业意愿的同学应该学习的。政府的政策导向和社会的大环境积极鼓励创新创业，但是由于教育的组成部分中家庭教育等也是重要的构成部分，影响着学生的观念。

（三）各主体沟通不畅影响创新创业教育师资的优化配置

根据创新创业的基本特点我们可以看出，要想打造一支具备较高专业素质创业教育师资队伍不仅包括高校自有的理论基础课教师，学校还应聘请校外具有丰富实践经验创新创业成功的创业者和企业家为学生定期讲解培训。根据现有条件要想实现创新创业教育师资力量的优化配置必须加强高校、教师、政府和企业之间的通力合作。我国虽然高校数量众多，但我国高校创业专业相关的教师数量相对较少，而且对于创业教育学方面的教师要求相对又更加全面，不仅要有扎实的理论功底，还要有丰富的实践经验。综上所述，要想培养出一支优秀的创新创业教师队伍并不是一蹴而就的，而是需要长期理论积淀和实践总结。因此整合现有专业教师资源优化配置于各高校之间显得尤为重要，这需要各高校之间以及高校和政府之间相互协同，进行充分有效系统的交流，制定相应的可操作的制度流程。因各高校所在区域经济发展水平、学校所具备的办学条件不同，办学条件好的高校更容易获得优质的创业教育资源，而办学条件一般的高校的专业教育资源就会显得相对薄弱。政府在面对此类矛盾时，表现出对一些区域创业教育的支持力度不足，没能从宏观上实现创业教育资源的优化配置，没有在高校信息交流中起到桥梁作用，使高校之间的创业资源无法充分共享，从而导致优质创业资源得不到充分发挥，高校创业资源缺乏问题得不到解决。为实现优势资源互补，高校也可以邀请校外有创业教育经验的优秀人才到高校中授课，这就需要高校、教师与企业进行有效的信息沟通来获得校外教师的支持。

（四）各主体合作不畅影响创新创业教育发展资金供给

我国高校众多，在校学生基数庞大。大学生在学习创业教育理论的同时，也对创业实践课程提出了更高的要求。高校应当满足聘请校内外创业成功者或企业家、建立创业实践基地、为大学生提供相应的指导及相关创业资金等需求。因此整个过程需要较大数额的资金支持，然而高校的资金支持主要来源于政府，但政府的资金支持又相对有限，仅仅依靠政府给予的创业资金支持远不能满足创业教育实践所需。那么要想解决创业教育资金问题就需要高校、政府与企业间加强必要合作，通过高校与企业之间的互利共赢来寻求企业的资金支持。政府可根据企业对高校的资金支持情况，适当减免企业税收，鼓励企业与高校之间加强合作。企业应当把对高校教育事业的支持作为自己的社会责任，依托高校建立科技园，在校企合作中为高校提供必要的资金支持，同时高校也应该充分发挥自己的人才资源优势，为企业带去技术创新成果转化，为企业的更好发展增添活力，从而高校与企业之间互利共赢、资源优势互补。但现实情况由于种种原因，高校、政府以及企业之间的协同合作并不深入，没有形成良性互补，这使高校在获得企业资金支持时受到了限制。

（五）各主体协调性不足影响创新创业教育效果评估与反馈

制定相应的考核标准对大学生创新创业教育的学习成果定期进行评估，通过对各环节会出现的问题进行修正，是大学生创新创业教育中重要一环。创新创业教育整个体系各主体之间通力合作，当发现自身或者其他主体有不足之处时，及时提出反馈建议，这一过程有利于保障大学生创新创业教育协同发展的稳定。但在大学生创新创业教育中存在问题反馈过程中各主体之间职责划分不清晰、高校之间的评价过程与评价体系不一致、在整个创业教育实践中缺乏评估与反馈，从而影响了评价结果，导致存在的问题得不到及时改进，影响了良性循环过程。这就会使整个创业教育过程不完整、不系统，无法总结出有利完善理论成果的方案，无法达到预期的效果。

第三节　校企合作下大学生创新创业教育的路径

一、校企合作下大学生创新创业教育的目标定位

（一）校企合作下大学生创新创业教育的宗旨

企业的教育的宗旨是以学校里的行业为基础，以社会作为背景去对大学生进行教育。方式主要以培养为主，培养专业人员去适应时代更新的步伐，去意识到学生为主体，能力为其次的概念，在进行人才培养和学校、社会开展的活动中，通过这些活动去展现不同的优势，以此去促进企业和学校的发展。

（二）校企合作下大学生创新创业教育的功能定位

众所周知，大学生就业难，既有大学生的主观原因，也有客观原因。目前，高校教育

具有全面大众性和开放性，高校毕业生已不再是外界的稀缺人才。而校企的宗旨主要是让学生适应变成一个社会人的过程。企业主要以社会经济和社会发展展开调查，而学校主要负责根据这些材料，开展对人才的培养。其次企业应该为学生提供技术设备，增强大学生的实践能力。

（三）校企合作下大学生创新创业教育的目标

培养大学生的目标应该由学校和企业来共同完成。作为学生同时也要具有动手能力，由于这能力成为新时代人才质量的焦点，所以校企合作应该培养他们具备创新意识。目前看来，大学生都是以普通本科生为主，普通的大学主要向社会提供应用型人才。因此，普通大学应和企业一同来培养适应社会、适应企业需求、具有较强的实践能力的人才。校企合作的目标是培养具有较强的实践能力、思考应用能力、运用知识能力和创新能力的复合型人才。

二、校企共建创新创业教育过程

（一）校企教育资源共享

学生应主动探索自己的能力和了解自己的缺点，学生应主动去了解国家和社会的所需，学生应主动搭建校企培养模式和师生沟通的平台，校企共同培养专业型人才和职业型人才，并去实行校企教育资源共享。校企合作有利于两个方面，一是有利于企业对人才的需求和能力，二是有利于应用型高校对技术人员的研究，在大学生创新创业上得到更好的经验与平台。学校与企业共同来打造双赢的局面，与此同时这种方式可以培养双方的感情，而这种感情可以为社会提供人才，校企教育对社会公益也有着重大的导向作用。而资源共享也是企业和学校共同合作的一方面，企业以员工为基准，来要求学生去完成基准。其资源共享不只有这方面，还有企业和校方一同完成社会实验室。企业可以为学生投入先进的设备和技术，而学校则是利用本身的教学资本和师资力量，去和企业实现资源共享，社会实验室以培养学生能力为主，学生的兴趣为次。社会实验室可以让学生共同合作来体现出学生的优缺点，而这些优缺点足以让学生互补。此外，企业还可以根据实验内容和面对的群体不同去建设不一样的实验室，实验室可以分为低年级和高年级，低年级学生主要实验为基础实验，开设教育实践和一些普通的训练，通过一些基础实验可以让学生掌握一些常规知识与技能，高年级学生主要把基础训练综合起来，再根据各自兴趣去学习一些课外知识。低年级和高年级的综合能力、动手能力和学习能力较强的学生可以去尝试科学研究实验室，科学研究实验室主要向学生提供较完备的实验设备和半开放的实验环境。综上所述，校企合作主要培养学生的创新思维，激发学生的兴趣，对于那些具有雄厚的师资能力的学校来说，企业提供实验室，学校来提供学生，这是最有效的合作方式。但目前来说很多高校已经逐渐不能跟上教学发展的速度，也无法满足社会对人才的需求。目前看来，应用型高校难以建立实验室平台，高校若一直依赖于落后的实验设备和员工的基准，会导致学生实践能力与社会连接不起来。所以要聚集社会的力量，以无偿服务和有偿服务去换取实验室的实训设备，而这种对于企业和学生来说不亚于一种双赢模式，对于大多数的企业来说，技术为主要的。其次是员工培训，为了产品质量和生产效率，对设备要在一定时间内进行维护和计提折旧，所以，企业要与高校以技术服务去换取实训设备，这种资源共享模式既解决了高校的设备问题也解决了企业技术与企业对员工培训的问题。

（二）学校冠名企业

为了社会所需的人才，高等院校可以与企业商定学生去学习实践的机会，让学生从中去学习到一些技能，也可以充实自己的生活，其中高校也可以让学生选择这个专业是否对口。学校冠名企业，而这个被学校冠名的企业也成为这所学校的一小部分，如果想要让学校冠名的企业成为真正的企业可以通过与企业之间的合作。高校应该明白教学的完善事关重要，作为学校的管理员应该为实验室配置一名实验室负责人，实验室负责人主要负责老师和学生的分配工作。再根据学生的人数去商量是否为学生分配助手，让学生互帮互助。其次理论在线上进行，而培训在线下进行。这样大大增加了培训的时间，同时也能满足社会上人才的需求量，以学校冠名的企业是一个新主体，主要目的在于如何把实践与理论结合起来。实验室可以说是学校与企业的一条船，把企业与学校连接起来，实验室为学生提供一个学习企业内部的环境，学生通过自己的技能和动手操作能力变成一个高水平的社会人。

三、建立校企合作助推大学生创新创业教育的机制

（一）建立校企合作对大学生创新创业教育的引导机制

对于学校与企业来说，学校应该主动和企业一同制订大学生创新教育的计划。首先要先与企业、行业一同商定举办一个企业、学校、行业三方为主的管理者，解决学生目标、培训目的、招生等问题，并且根据现如今的经济状况来展开培训会，学校主要负责能力较强的老师和学生，而企业只用规定订单数以及提供工厂，三方共同协商新产品的开发、研究成果的探讨以及新技术的运用。另外，在三方共同的协商下，企业的员工必要时对学生进行一定的技术和职业素养的培训，员工在对学生的培训中也能学习。

（二）建立校企合作对大学生创新创业管理与反馈机制

根据三方共同协商，通过企业来分配任务、员工来进行监督，员工与学校来进行管理，使学校与企业实现经济资源的增加、利益的互赢。学校主要是人才的提供与人才的发展，学校为了配合企业要把资源最大化，并根据科学的方法去实施与反馈，也要及时掌握学生反映出来的问题，及时与企业沟通，保证校企合作能运行。

四、改变校企合作双方的观念与文化

（一）校企认知观念转变

目前看来，学校对校企合作比较积极，但是对于企业来说是比较困难的态度。原因在于企业和学校的理念不一样。企业把利益放在首选，但是大多数企业的员工的职业素质不

足，不能一上岗就完成这项工作，对于企业来说，企业的传统观念是学校进行人才培养，与企业毫无关系，觉得参与校企活动对于企业来说是一项重大的负担。而这一传统观念严重影响企业参与校企活动的动力。而大学以人才培养为根本目标，一小部分大学的传统观念认为培养人才仅仅是通过老师传授知识，观念不同导致校企双方没动力。尽管有一小部分企业认为校企是很重要的，但是他们也不愿花时间去培养，通过校企双方的合作得出结论：学校培养的人才总会走向社会，变成一个社会人，企业所看到的利润也会一步步为社会服务，既然学校与企业的目的都是在于社会，那么企业就更应该和学校共同培养优秀的人才。学校应该帮助企业研发新产品。因为学校的研发条件从研发、人员上来看都是比较优越的。而且对于学校来说，有着自身的科研成果的收益，而这种收益是企业所需的。其次学校也可以为企业节约设备的费用，从而提高人才的培养成本，这一点对于企业和学校来说都是赢的，这样还可以为学生提供一个从未有的技能实践和培训模式。所以，企业和学校必须转换原有的传统观念，要意识到人才培养是重要的。

（二）融合校企文化

每一所大学取得成功和培养出社会所需的人才的关键在于大学的教育力、学生的创造力和老师的影响力，这也体现着大学的灵魂，在大学期间也有意想不到的竞争力。每一所大学在着手去办的时候都会重视大学的建设，随着时间的流逝，最初的建设也会变成文化积淀。大学文化不仅仅是在外表看来，它还要通过被外界和在校的全体成员认同，而一所大学也要有一种自己的精神，这种精神具有一种认同性，它是社会文化的一部分，企业也和学校一样，也有着文化的一部分，那就是企业文化。但是企业文化与大学文化略有不同，企业文化有一种独特的风格；企业更多强调的是利益和未来的走向，因为企业的侧重点不同，所以造成了企业文化也是根据利益与未来走向来规划与建设的，企业管理者将企业文化应用于企业，来解决现在企业中员工所存在的问题。

校园文化在不同程度上受企业、经济为背景的发展的影响，这一点对于一些高校来说比较突出，如今，今天的员工是昨日的学生。而对于现在这个更新的社会来说，作为企业的员工也要去学习，才能不被社会淘汰，由这可知，大学文化与企业文化可以完美地衔接在一起，既可以使学生提前进入社会亦可以让员工完美充实自己。

五、建立校企合作对大学生创新创业教育的评价标准

校企合作的创新创业教育主要以三种模式进行，分别是知识、能力和素质。其次高校应该和企业一同完成人才发展的评价标准，人才培养要双方共同完成。

（一）知识方面的评价

在知识方面一是要懂得一定的相关知识比如经济、企业内控方面的知识。二是要了解和巩固自己的基本知识。三是要对自己的创新创业走向有一定的了解。四是要了解这个专业的法律相关知识。

（二）能力方面的评价

在能力方面的评价主要是学生的学习、动手、思考问题和分析的能力。其中学习主要指学生的掌握能力和面对新能力如何去运用的能力。动手主要指具有一定的动手能力和思维能力。思考问题和分析主要是指如何将自己所学到的知识去运用，当遇到问题时，学生会运用自己的知识合理去解决。

（三）素质方面的评价

创新创业人才素质的基本在于热爱自己的工作，并具有好的职业道德。而学生在于热爱自己的创新创业教育以及能为专业做些事，作为一个学生还要有艰苦奋斗的精神，并学会如何去沟通。校企合作也能让学生意识到团队合作的重要性。

第十一章　提升策略之七：强化学科竞赛作用

第一节　学科竞赛参赛学生情况分析

一、学生参加学科竞赛的动机

调查发现，18 人的参赛动机是为获得奖项，占总数的 6.6%；34 人的参赛动机是出于个人兴趣爱好，占总数的 12.5%；35 人的参赛动机是为增长知识，占总数的 12.8%；186 人的参赛动机是为提高能力，占总数的 68.1%。可见，大部分学生是为了提高能力而参加学科竞赛，说明他们认为参加学科竞赛能够提高能力。这在访谈中也得到初步的印证。

同时，访谈中，8 位受访学生均表示参加竞赛的目的是提升自己的能力。受访学生表示："在我看来，学科竞赛给我们提供了一个很好的相互交流和学习的平台，在拓宽我们视野的同时，提高了我们的各项能力，我之所以参加学科竞赛，就是为了提升我自己的能力，使我以后踏入社会更有竞争性。""我觉得参加学科竞赛就是将我平时所学的知识通过竞赛的形式去整合、去创新，和小伙伴一起组队，能发挥我们的优势，提升我们各自的能力。""当我通过老师得知学科竞赛的事后，我特别想尝试一下，不管结果怎么样。我觉得我自己胆子特别小，虽然喜欢这个专业，但是动手能力很欠缺，我想通过竞赛来锻炼自己，提升自己的能力。"

二、学校重视学科竞赛的程度

调查将五个备选项分别进行了赋值："非常重视"为 1；"比较重视"为 2；"一般"为 3；"不太重视"为 4；"不重视"为 5。根据频数分析结果显示，学校对学科竞赛的总体重视程度均值为 1.43，处于"非常重视"和"比较重视"之间。

访谈中，学生和指导老师均表示，学校近年来对学科竞赛越来越重视，投入力度很大。"这几年，无论学校还是学院，明显提高了对学科竞赛的重视程度，从前期的宣传到后期的奖励，包括去年学院制定的关于竞赛的特别奖励政策，都足以调动老师和学生的参赛积极性。""学校现在很重视学科竞赛，给我们提供了很好的实验条件，有专门的教师指导，暑假还同意我们留在学院做实验，还给了我们很多人文的关怀，让我们能够全心投入竞赛中。若这次竞赛获奖，学校还有相应的政策可以让我们将竞赛成果抵毕业论文，非常感谢学校的支持。"

三、对什么是大学生实践创新能力的分析

调查者设定大学生实践创新能力包含思考能力、设计能力、实践操作能力、团队协作能力以及创造力，供被调查者进行选择，本题为多项选择题，被选项的频数，从多到少的顺序为实践操作能力、思考能力、团队协作能力、设计能力、创造力；所占问卷总数的频率分别为96%、94.1%、93.8%、88.3%、79.9%。可见，这一能力的设定得到了绝大多数学生的赞同，实践创新能力包含思考能力、设计能力、实践操作能力、团队协作能力、创造力。

访谈中，几位带竞赛多年的资深教师都提出，学科竞赛的整个参赛过程都是对学生的能力历练，不同程度不同的要求对他们提出了很高的挑战，无论是学生的专业能力、实验设计能力、动手能力、操作能力，还是各团队之间的配合、协调性，都对比赛的结果起到至关重要的作用，看似一场不起眼的竞赛，其实考查了学生多方位的能力，对他们的成长也很重要。

"我带队化学竞赛多年，每年都遇到不同的孩子，有些孩子真的资质比较平庸，但是通过竞赛，孩子的成长还是很明显的，印象中去年化学竞赛一等奖的获得者，那个参加最后答辩的男生，大一给他上课的时候，胆子很小，回答问题声音很轻，同学都会笑他，专业基础很扎实，高考化学分数也很高，就是不敢说。没想到参加了几次竞赛，去年大三最后进入决赛，就是这个孩子代表他们队进行答辩的，因为这个队伍中他的专业知识最扎实，这也是需要很大的勇气的。通过竞赛，我想他很好地向我们诠释了表达能力的提升，他现在也变得更加自信。"

四、影响实践创新能力的各个因素的地位分析

将影响实践创新能力的各个因素按照地位由高到低进行排序，备选项从高到低被排在第一位赋值为"1"，第二位赋值为"2"，第三位赋值为"3"，第四位赋值为"4"，第五位赋值为"5"。据频数统计的均值结果显示，五个被选因素按照影响程度从高到低排序为：学科竞赛、参与教师科研、专业讲座、课外各类作业及论文、课堂理论教学。由此可见，学科竞赛因素被绝大多数的学生认为是提升其创新实践能力影响最大的因素，接下去是参与教师科研、专业讲座、课外各类作业及论文，这里值得关注的是，课堂理论教学被排到了最后，而且占绝对比重。

五、影响实践创新能力的学科竞赛具体因素

据调查结果显示，学科竞赛中的五个因素的频数分别为：竞赛的学科交叉性需要很多知识的融会贯通，频率为93.8%；实验设计及操作，频率为91.9%；团队间的合作，频率为88.6%；专业教师的指导频率为85%；竞赛的选题需要与实际生活相联系，频率为74.4%。其中"竞赛的学科交叉性需要很多知识的融汇贯通"这个因素被最多人选择，认为是提高实践创新能力的首要影响因素，而认为"竞赛的选题需要与实际生活相联系"的

人最少，认为该因素对能力发展而言帮助不大。

六、各个因素之于能力的重要性

将不同因素之于能力的重要性进行赋值，五个备选项分别是："不重要"为1；"不太重要"为2；"一般"为3；"比较重要"为4；"很重要"为5。据频数分析结果显示，六个因素对能力提高的影响都处于"比较重要"与"很重要"之间。按照重要程度从高到低排序是："实验的设计与操作"、"团队间的合作"、"专业教师的指导"、"答辩与汇报"、"知识结构多样性"、"与实际生活相联系"；其中均值最高的"团队间的合作"和"实验的设计与操作"，都为4.60，但是其离散程度不同，"团队间的合作"的标准差为0.60，离散程度大；"实验的设计与操作"的标准差为0.56，离散程度小。说明认为"团队间合作"这个因素比较重要甚至很重要的人意见不集中；而认为"实验的设计与操作"这个影响因素比较重要甚至很重要的人的意见更加集中。

七、通过学科竞赛提升最快的能力

据调查结果显示，被调查者认为通过学科竞赛，不同能力的提升存在差异。其中，248人认为实践操作能力提升最快，224人认为团队协作能力提升最快，202人认为思考能力提升最快，154人认为设计能力提升最快，13人认为创造力提升最快。认为实践操作能力提升最快的人最多，频率为90.8%。此外，就设计能力和创造力而言，有一半的人都认为这两种能力提升并不明显。

在被采访的8位同学中，有3位表示提升最快的是实践操作能力、有3位表示是团队协作能力、有1位表示是创造力、有1位表示是思考能力，与问卷结果基本一致。

第二节　参赛学生的实践创新能力测试结果分析

一、参赛学生实践创新能力的总体情况

将参赛学生的实践创新能力分为五个方面，即思考力（思维品质）、设计能力、实践操作能力、团队协作能力、创造力，每个能力分别对应3~4个题项。将"完全符合"、"比较符合"、"一般"、"比较不符合"、"完全不符合"选项作为连续变量，分别赋值1、2、3、4、5。根据题项，算出总体能力以及不同维度能力的平均分，其中，得分越低，能力越高。

调查发现，参赛学生实践创新能力的平均分为1.83，处于等级评分中的"比较符合"与"完全符合"之间，偏向"比较符合"，可见学生的总体能力基本位于"高"的水平。其中团队协作能力水平最高，实践操作能力水平第二，思考力水平第三，设计能力水平第四，创造力水平最低。实践操作能力的离散程度最小，为0.49，说明参赛学生之间的实践

操作能力水平相差最小，而设计能力的离散程度最大，为 0.69，说明学生的设计能力水平相差最大。

访谈中，"我觉得竞赛让我提升最快的是实践操作能力，我以前其实很怕做实验，当时参加竞赛，也很担心自己的操作能力，但是队友都鼓励我，说我比较细致，让我在参加竞赛的时候，和另一个队员负责具体操作实验，整个暑假我都没回家，基本就是每天 8 点不到就到实验室，晚上最晚的时候是 10 点实验室关门了才走，失败过很多次，做了很多次，现在我一点都不怕做实验了，毕业论文的实验数据一次就过了，现在还帮导师在带大三的学弟学妹，我现在对自己最满意的就是实践操作能力，这在进大学之初，恰恰是我最怵的。"

为检测学生的五种实践创新能力，分别为每一个能力设计出指向不同方面的题项，如第 13 题，考查思考力维度下的学生专注力水平；又如第 24 题，考查的则是团队协作能力维度下的学生合作能力的水平。根据题项，分别计算出不同维度所指向的具体能力的平均分，其中，得分越低，能力越高。从参赛学生在具体题项上的能力表现来看，思考力维度下的观察力水平最高；设计能力维度下的独立自主能力水平最高；实践操作能力维度下的动手能力水平最高；团队协作能力维度下的领导力水平最高。其中，领导力的离散程度最低，说明大多数学生的领导力水平差异最小。

研究表明分值高于 2.0 的分别是探究力、与实际结合的能力和创造力。也就是说这几个能力是介于"比较符合"和"一般"之间，但明显偏向于比较符合，证明即使是分值相对较高的三个能力，其总体水平也是高于平均水平的。而低于 2.0 的能力占了绝大多数，由此可以看出这些参加过学科竞赛学生的总体实践创新能力强。笔者在采访中就学生实践创新能力的提升对专业导师也提出了相关的问题，了解到教师的看法，也说明了以上问题。

"我做导师带的学生中，有跟我参加过竞赛的，在大四进行毕业论文环节，上手很快，思路也很清楚，这跟他们参加过竞赛有很大关系，我指导论花的文时间相当少，因为他们每一个环节都处理得很好，而相对另外几个没参加过的，有一个学生大一进来的时候成绩也非常好，但是他因为要准备考研，所以不打算参加竞赛，这几年一直在准备考研，但是这次虽然考研是考上了，成绩也没有多突出，而对于要做的毕业论文，思路不够清晰，实验进度也很慢，还要手把手指导。虽然考上研究生了，但是进入研究阶段，这个学生的各方面能力，尤其是实践操作能力，是需要大幅度提升的。另外两个参加过竞赛的一个还考取了宁大的研究生，已联系了对方的导师，对方导师一看到他参加过竞赛的整个记录，就同意录取了。"

"参加过竞赛的学生最明显的高于没有参加过竞赛学生的是实践动手能力和对专业知识的熟悉度，他们或者考研或者进入了与专业相关的企业工作，我带过的竞赛学生有 22 个，目前 10 个在读研究生，4 个进入相关企业，还有 8 个在校生里，有 4 个也是打算考研，还有 4 个都是想往自己的专业方面发展的。这和我带的其他学生不一样，我带的其他没有参加过竞赛的学生，进入专业相关企业的不多，多是另谋出路，有做销售，也有家里安排去其他跟专业相关度不大的企业。所以我个人觉得学科竞赛的发展，对学生的未来就业也是有一定影响的，现在浙江省每年都在做的第三方毕业生数据里，就有一个就业与专业的相关度调查，我们学校这几年在这个数据上有很大提升，跟我们积极组织学科竞赛，带动学生参加竞赛，提升学生的专业认识度有很大关系。"

"参加过学科竞赛的同学，不管他们的初衷如何，但是经过几个月竞赛的洗礼，每个孩子都有不同程度的成长，各项能力的提升还是很快的。我曾带过一个学生，很懒，一开始参加竞赛纯粹是觉得自己英语不好，想跟我参加竞赛破格学位，当时我并不同意担任他的指导教师，态度不端正，不过和他组队的另外四名同学一再保证，他自己也跟我表态会认真对待，我才勉强同意他们组队参赛，最后虽然只拿到了市里的三等奖，不过这个孩子倒是真的像变了个人，而且最后大四的六月份居然还通过了英语四级，没有靠获奖破格学位。参加竞赛后，由于讲究团队合作、分工，他变得很认真，游戏也不打了，也几乎天天来实验室报到。因为翻阅资料，查文献，英语看不懂又要不停地翻译，没想到，进步也很快。所以我这些年带竞赛最大的感动不是获了多少个奖，而是看到这些孩子的成长，一个个精神抖擞，独当一面，自信又充实，这是我觉得最有成就感、最自豪的。"

二、参赛学生实践创新能力在不同变量上的差异分析

（一）性别差异

为了解不同性别的学生在实践创新能力上的不同情况，以不同维度的能力得分为因变量，性别为自变量，进行独立样本 T 检验，结果显示：在总体能力上，女生的得分要高于男生。就具体能力而言，在思考力、设计能力、团队协作能力、创造力方面，女生的得分均高于男生，但在实践操作能力上，男生的得分明显高于女生，证明男生的动手能力比女生要强。

表 11.1　不同性别的能力差异表格

	性别	均值	标准差	Sig.（双侧）
能力总分	男	1.79	0.42	
	女	1.86	0.49	0.19
思考力	男	1.83	0.50	
	女	1.90	0.63	0.35
设计能力	男	1.83	0.68	
	女	1.98	0.71	0.07
实践操作能力	男	1.75	0.48	
	女	1.72	0.50	0.59
团队协作能力	男	1.54	0.48	
	女	1.65	0.58	0.09
创造力	男	1.98	0.54	
	女	2.06	0.61	0.27

注：<0.05 即存在显著性差异

　　<0.01 即存在极其显著性差异

（二）年级差异

因变量与上表相同，将三个不同年级（大二、大三、大四）作为自变量，分析发现，就总体能力而言，三个年级的得分情况差异并不显著。但具体到每一个维度，则发现，虽然设计能力、实践操作能力以及团队协作能力无显著性差异，但是思考力与创造能力在不同年级中还是存在了比较明显的差异性。大二学生的得分要略微高于大三与大四的学生，可见其能力水平（尤其是思考力、创造力）相较于大三、大四的学生要略低。

表 11.2　不同年级的能力差异

		均值	标准差	F	显著性
能力总分	大二	1.73	0.41	2.64	0.07
	大三	1.89	0.48		
	大四	1.77	0.44		
	总数	1.83	0.46		
思考力	大二	1.98	0.59	4.87	0.01
	大三	1.75	0.46		
	大四	1.77	0.54		
	总数	1.86	0.57		
设计能力	大二	1.88	0.62	0.06	0.94
	大三	1.90	0.62		
	大四	1.92	0.77		
	总数	1.90	0.69		
实践操作能力	大二	1.79	0.54	1.43	0.24
	大三	1.68	0.46		
	大四	1.69	0.44		
	总数	1.74	0.49		
团队协作能力	大二	1.68	0.60	2.76	0.07
	大三	1.55	0.53		
	大四	1.52	0.45		
	总数	1.60	0.53		
创造力	大二	2.10	0.59	3.93	0.02
	大三	1.75	0.57		
	大四	1.98	0.55		
	总数	2.02	0.58		

注：<0.05 即存在显著性差异，<0.01 即存在极其显著性差异

（三）专业差异

因变量同上，以不同专业（生物类、环境类、食品类）为自变量，做单因素方差分析，发现不同专业的参赛学生的总体能力得分存在显著性差异。就具体能力而言，除设计能力在不同专业上并无显著性差异之外，思考力、实践操作能力、团队协作能力、创造力这几种能力在不同专业上皆存在显著性差异。其中，生物类专业的参赛学生得分要明显低于环境类与食品类专业的学生，可以看出，该专业参赛学生的实践创新能力水平更高。

表 11.3　不同专业的实践创新能力差异

		均值	标准差	F	显著性
能力总分	生物类	1.58	0.38	15.39	0.00
	环境类	1.91	0.46		
	食品类	1.91	0.43		
	总数	1.83	0.46		
思考力	生物类	1.56	0.42	15.22	0.00
	环境类	1.99	0.58		
	食品类	1.93	0.57		
	总数	1.86	0.57		
设计能力	生物类	1.74	0.64	2.61	0.08
	环境类	1.96	0.69		
	食品类	1.94	0.73		
	总数	1.90	0.69		
实践操作能力	生物类	1.48	0.40		
	环境类	1.83	0.49	13.97	0.00
	食品类	1.82	0.49		
	总数	1.74	0.49		
团队协作能力	生物类	1.37	0.38		
	环境类	1.66	0.57	9.62	0.00
	食品类	1.70	0.53		
	总数	1.60	0.53		
创造力	生物类	1.75	0.55		
	环境类	2.10	0.56	10.78	0.00
	食品类	2.12	0.56		
	总数	2.02	0.58		

注：<0.05 即存在显著性差异，<0.01 即存在极其显著性差异

（四）不同参赛级别的差异

因变量同上，以不同参赛级别（校级、市级、省级、国家级）为自变量，做单因素方差分析，发现不同参赛级别的学生的总体实践创新能力存在显著性差异。就具体能力而言，思考力和团队协作能力在不同参赛级别上存在显著性差异，其余则均无显著性差异。此外，学生在校级竞赛上的得分要明显高于其他级别，基本大于 2 分，或极其接近 2 分。可见，参加校级竞赛的学生的能力水平明显低于其他三个级别的参赛学生，而参赛级别的深入，对学生的能力发展来说是有帮助的。

表 11.4　不同参赛级别的能力差异

		均值	标准差	F	显著性
能力总分	校级	2.13	0.33		
	市级	1.71	0.40		
	省级	1.82	0.47	3.35	0.02
	国家级	1.82	0.39		
	总数	1.83	0.46		
思考力	校级	2.17	0.37		
	市级	1.68	0.46		
	省级	1.88	0.60	3.04	0.03
	国家级	1.83	0.49		

		均值	标准差	F	显著性
	总数	1.86	0.57		
设计能力	校级	2.10	0.69		
	市级	1.74	0.63		
	省级	1.93	0.71	1.47	0.22
	国家级	1.79	0.63		
	总数	1.90	0.69		
实践操作能力	校级	2.04	0.47		
	市级	1.67	0.48		
	省级	1.72	0.49	2.63	0.05
	国家级	1.81	0.51		
	总数	1.74	0.49		
团队协作能力	校级	1.96	0.51		
	市级	1.54	0.57		
	省级	1.58	0.51	2.76	0.04
	国家级	1.60	0.62		
	总数	1.60	0.53		
创造力	校级	2.38	0.42		
	市级	1.94	0.50		
	省级	2.00	0.60	2.48	0.06
	国家级	2.08	0.48		
	总数	2.02	0.58		

注：<0.05 即存在显著性差异，<0.01 即存在极其显著性差异

（五）不同获奖情况的差异

因变量同上，以不同获奖情况（获奖或者没有获奖）为自变量，做独立样本 T 检验，结果发现：是否获得奖项对学生的总体能力而言无明显差异；从总体的得分情况来看，获奖学生的大部分能力都要高于没有获奖的学生，设计能力和团队协作能力除外。值得注意的是，在创造力这一维度上，获奖了的学生和没有获奖的学生在能力上存在极其显著性差异，获奖学生得分小于没有获奖的学生，可见，获奖学生的创造力要明显高于没有获奖的学生。

表 11.5　不同获奖情况的能力差异

	参加竞赛获奖情况	均值	标准差	Sig.（双侧）
能力总分	获奖了	1.82	0.49	0.65
	没有获奖	1.84	0.40	
思考力	获奖了	1.85	0.58	0.75
	没有获奖	1.88	0.55	
设计能力	获奖了	1.94	0.74	0.21
	没有获奖	1.84	0.61	
实践操作能力	获奖了	1.72	0.51	0.44
	没有获奖	1.76	0.46	
团队协作能力	获奖了	1.61	0.52	0.69
	没有获奖	1.58	0.55	
创造力	获奖了	1.95	0.61	0.01
	没有获奖	2.13	0.51	

注：<0.05 即存在显著性差异

第三节　学科竞赛因素与实践创新能力的相关性

一、学校的重视程度与参赛学生实践创新能力的相关性

学校的重视程度的五个选项——"非常重视"、"比较重视"、"一般"、"不太重视"、"不重视"——作为连续变量，分别赋值为1、2、3、4、5，与参赛学生的实践创新能力得分进行相关分析，结果发现：学校的重视程度与参赛学生的设计能力不存在统计学意义上的相关，与其他能力存在显著相关。具体来看，学校的重视程度与总体能力、思考力、实践操作能力、团队协作能力、创造力呈低度相关。也就是说，学校的重视程度越高，学生的实践创新能力（除设计能力之外）越高。

表 11.6　学校的重视程度与参赛学生实践创新能力在维度上的相关分析

		能力总分	思考力	设计能力	实践操作能力	团队协作能力	创造力
学校的重视程度	Pearson 相关性	0.229**	0.161**	0.057	0.294**	0.182**	0.265**
	显著性（双侧）	0.000	0.008	0.350	0.000	0.003	0.000

**. 在 0.01 水平（双侧）上极其显著相关。

二、不同学科竞赛因素与实践创新能力的相关性

将学科竞赛因素的不同重要程度——"不重要"、"不太重要"、"一般""比较重要"、"很重要"——作为连续变量，分别赋值1、2、3、4、5，与参赛学生的实践创新能力进行相关分析，结果发现：不同学科竞赛因素与参赛学生的总体实践创新能力之间均存在显著负相关，这一结果的出现是由于统计时的一个疏忽，现说明如下，由于问卷中学科竞赛因素部分的答案选项从 A 到 E 分别为"不重要"、"不太重要"、"一般"、"比较重要"、"很重要"；而对实践创新能力部分的答案选项从 A 到 E 分别为"完全符合"、"比较符合"、"一般"、"比较不符合"、"完全不符合"。对问卷答案的赋值则由 A 到 E 统一为1、2、3、4、5，因而得出的相关性系数为负数。实验操作因素与能力之间的相关性要稍弱。鉴于同样的赋值趋势下，学科竞赛各个因素是由"不重要"到"很重要"，而学生能力水平的程度是由"完全符合"到"完全不符合"，可见，各个因素的重要性程度越高，学生的能力水平也越高。

具体到每一个因素来看，首先，知识结构多样性因素（竞赛的学科交叉性需要很多知识的融会贯通）与各个能力均存在显著相关，程度为低度相关，其中，与实践操作能力的相关性最强。知识结构的多样性与思考力之间的确存在相关性，学生越重视知识结构的多样性，其思考力的水平也越高。

其次，与实际生活紧密联系因素（竞赛的选题需要与实际生活相联系）与各个能力均存在显著相关，程度为低度相关，其中，与团队协作能力的相关性最强。同实际生活紧密联系与设计能力之间的确存在相关性，学生越重视紧密联系生活，其设计能力也越高。

再次，团队合作因素（团队间的合作）与各个能力（除创造力之外）均存在显著相关，程度为低度相关，其中，与团队协作能力的相关性最强。学生越重视团队合作，其团队协作能力的水平也越高。

然后，实验操作因素（实验的设计及操作）与实践操作能力、团队协作能力存在显著相关，程度为低度相关；与思考力、设计能力、创造力不存在统计学意义上的相关性。学生越重视实验操作，其实践操作能力也越高。

表 11.7　不同学科竞赛因素与实践创新能力的相关性

学科竞赛因素		能力总分	思考力	设计能力	实践操作能力	团队协作能力	创造力
T6- 知识结构多样性	相关性	-0.25**	-0.16**	-0.17**	-0.29**	-0.27**	-0.15*
T7- 与实际生活紧密联系	相关性	-0.32**	-0.23**	-0.23**	-0.32**	-0.35**	-0.17**
T8- 团队合作	相关性	-0.22**	-0.18**	-0.12*	-0.23**	-0.27**	-0.11
T9- 实验操作	相关性	-0.13*	-0.07	-0.07	-0.18**	-0.21**	-0.03
T10- 专业教师的指导	相关性	-0.22**	-0.17**	-0.14*	-0.23**	-0.21**	-0.14*
T11- 汇报答辩	相关性	-0.33**	-0.32**	-0.15*	-0.33**	-0.32**	-0.21**

**. 在 0.01 水平（双侧）上极其显著相关。

*. 在 0.05 水平（双侧）上显著相关。

第四节　学科竞赛对学生实践创新能力的影响

通过对学生问卷的分析以及对部分学生和教师的访谈，我们可以得出：（1）学生普遍认同参加学科竞赛，使他们的能力得到了提升。（2）调查数据表明参与调查的学生普遍认同学科竞赛是提升他们实践创新能力的一种最为重要的手段。（3）对学科竞赛各个环节都能影响实践创新能力的认同度很高。（4）参加学科竞赛后，学生的各项能力指标都高于平均水平，大部分介于很高与高之间。

一、学科竞赛对学生实践创新能力的影响

参与调查的学生普遍认同大学生实践创新能力包含思考力、设计能力、实践操作能力、团队协作能力以及创造力，所占问卷总数的频率分别为 96%、94.1%、93.8%、88.3%、79.9%。认为影响实践操作能力最重要的途径在五个被选因素按照影响程度的轻

重从高到低排序依次为：学科竞赛、参与教师科研、专业讲座、课外各类作业及论文、课堂理论教学。可见，学科竞赛因素是公认的影响最大的因素。通过学科竞赛各影响因素，被调查者普遍认为以下这几个因素都能影响实践创新能力，对自身提升最快的能力是实践操作能力，其次是团结协作能力。

（一）学科竞赛后学生实践创新能力的测试结果

通过对学生实践创新能力的测试得出了以下结果，首先参赛学生实践创新能力的平均分为1.83，处于评分中"比较符合"与"完全符合"之间，更偏向"比较符合"，以此可见，学生的总体能力基本位于"高"的水平。这其中又属团队协作能力水平最高，其次实践操作能力水平第二，思考力水平第三，设计能力水平第四，创造力水平最低。从参赛学生能力在具体题项上的表现来看，思考力维度下的观察力水平最高；设计能力维度下的独立自主能力水平最高；实践能力维度下的动手能力水平最高；协作能力维度下的领导力水平最高。其中，领导力的离散程度最低，说明以上这些能力中，领导力是差异最小的。通过数据表明，参赛学生在性别、年级上能力表现无差异，而在专业、参赛级别、获奖情况上存在一定差异。三个专业中，生物专业相对其他两个专业确实占有一定优势，生物专业是该校的王牌专业，所在学科是省"重中之重"学科，而此次参与调查的学生中，生物技术专业是该院唯一的一本招生专业，相比而言环境、食品专业确实在师资、学科上均落后于生物专业。在参加级别上，校级竞赛的学生的能力水平明显低于其他三个级别的参赛学生，而参赛级别的深入，对学生的能力发展来说是有帮助的。竞赛往往从校级开始选拔，逐级参加下一轮竞赛，这也从侧面说明了参加竞赛的次数越多对能力的提升越快，越是到最后高级别的竞赛越是能力强的学生。获奖情况这点也说明了这个问题，学科竞赛提升了学生的实践创新能力，同理实践创新能力的不断发展也促进了竞赛总体质量的提升。

（二）对学科竞赛推动的分析

这些年学校对推动学科竞赛的发展做了大量具体的工作，对学科竞赛重视程度非常高，这在与教师和学生的访谈中也得以验证。五年的发展从竞赛参赛人数到参赛种类到最终的获奖人数，都在飞速发展。具体数据见表11.8。

11.8 近五年某校学科竞赛发展相关数计统计表

学年	竞赛数	参与学生人数	获市级以上奖项数	获市级以上奖项总人数
2021—2022	21	302	38	182
2020—2021	16	246	26	124
2019—2020	14	216	21	115
2018—2019	9	162	12	56
2017—2018	5	95	8	38

五年来，为了推进学科竞赛全面有效地发展，该校做了大量的工作，采取了一系列的举措。对竞赛项目种类进行不断扩充，通过物质、精神双重奖励鼓励教师积极参与，充分调动学生的学习积极性。该校于去年最终实现了将学科竞赛正式设置为一门素拓必修课程，纳入2022级人才培养方案，设定学分1.0，使学科竞赛在真正意义上做到了让全体学

生共同参与。同时，为了将这门课程做实，学校还制定了该课程评价管理实施细则，依托现有的国家级、省级、市级、校级竞赛项目，进一步完善增加院级学科竞赛项目及相配套的评分标准、竞赛指南。成立了专门负责竞赛管理的办公室，隶属于学校教务办，由教学院长总负责，办公室工作职责包含对项目方案进行审议、对项目过程实施监督管控、时刻关注项目进展、负责项目答辩的组织，并最终给予每个参赛学生的学分认定及成绩录入。

学校负责对所有竞赛项目进行考察、评议，积极选拔优秀队伍，推荐参加更高层次的竞赛。这一系列举措将学科竞赛融入日常实验教学，结合"以赛促学"的创新实验教学模式，使实验过程组织更精密、实验过程设计更科学、实验结果更准确，并使学生实验操作能力得到更进一步的提高；同时为了确保学科竞赛顺利有序地进行，每个竞赛项目都设立了专门的项目负责人，实行项目负责人制。项目负责人职责如下：负责发布竞赛流程，统筹并合理规划使用竞赛经费，组织协调并落实竞赛在实施过程中所需要用到的实验场地、实验仪器设备、实验材料（主要指试剂、药品）等事宜。并由负责人指定具体项目实施人（组队竞赛的学生负责人）；项目实施人也有对应的职责：确定竞赛主题、设计实验方案并上报、申报并合理使用实验材料、预约实验室并完成对各种需要用到的仪器的登记和使用记录、对团队人员分工确定各自职责、监管整个竞赛过程、完成赛后项目小结。所有人各司其职，权责明确，这样就杜绝了由于实验室冲突、仪器设备冲突、实验样品缺乏，而使参赛学生和指导教师的积极性遇挫的事件发生。

学校建立长效且合理的竞赛激励机制，在精神和物质上为学生、教师提供了双重保障。大大调动了他们的参与热忱，确保学科竞赛最大幅度地推动学校发展以及学科的进步。加强学科竞赛师资队伍建设，建立由高到低的职称（正高、副高或中级）、学校高年级学生和低年级学生互补搭配组成的队伍，充分发挥科研型研究者的引领作用、教师的指导作用、学生的主体作用、团队的合作作用，全面提升竞赛水平。该校以文件的形式规定了获奖学生以及指导教师的的奖励政策、奖励措施等，例如，对获奖学生设立专项奖学金、减免部分学费、奖励学分学位破格等；针对表现良好的指导教师，该校专门给予经费支持，并进行公开表彰，将获奖信息及时发布上网，微信推送，给予学生教师足够的荣誉感、满足感。既有精神上的支持又有物质的保障，让付出有所回报，使学科竞赛的激励作用一直影响着全院的师生，促进了浓郁的学风建设。

同时科学合理地评价及使用学生取得的学科竞赛成绩。不能过分看重学生的参赛成绩而导致了所谓的精英化培养，造成学生发展极不平衡，为了获奖而搞学科竞赛，不仅违背了学科竞赛的目标初衷，也打击了大多数师生主动参赛的积极性。该校非常重视学科竞赛真正的"提升学生的实践创新能力，使课堂所学的理论知识很好地转化为实际应用，为学生日后的就业提供了能力上的储备"意义体现，既注重奖励获得高水平奖项成绩，更注重对学生参与过程的鼓励和评价。在鼓励教师指导学科竞赛方面，每年面向全体教师进行学科竞赛立项申报，并给予每个立项项目专款支持，对指导学生获奖的教师同时给予物质奖励，并在职称评定和岗位评定中都予以认定加分。在学生方面，一方面，通过将学科竞赛设定为必修学分，要求每个学生必须完成，以保证每个学生都要参与该项活动。另一方面，又在评价等级和学分授予上对学生的获奖等级和参与结果进行科学分层。未能获奖或只简单参与的学生，可以通过多方面了解、参加多项等形式达到合格要求。上述的评价机制，既在制度层面和操作层面保障了学科竞赛的参与度与参与积极性，同时也对每一位参与的学生和教师给予了客观、公正、全面的评价。

二、对学科竞赛后续发展的建议

尽管在通过学科竞赛促进学生能力发展上，该校已经做了大量的工作，也呈现了良好的结果，但是也遇到了不少问题。由于竞赛种类数量受限，针对该校学生的学科竞赛级别较高，国家级、省级居多，因此竞赛的难度较大，又有对学校参赛人数的限制，所以整体的参赛率基本保持在30%左右，而且很难有所突破。为了使每个学生在大学期间都有机会参加学科竞赛，在竞赛中得到锻炼和提升，建议该校再多开设一些竞赛，比如环境系在已开设的环保知识竞赛、基础化学技能竞赛基础上增加环境检测类竞赛；食品系在开设的营养配餐竞赛、烘焙作坊基础上再增加食品研发、食品检验类的竞赛；生物系在开设的生物安全知识竞赛、医药与健康知识竞赛的基础上多增加一些能实践操作类的竞赛，这样不仅提升了广大学生的实践创新能力、激发学习兴趣，更为之后参加省级以上竞赛做好准备。此外，该校还要因地制宜，加强寻求与地方企业合作，注重将学科竞赛成果转化，学科竞赛的很多选题都是与实际生活密切相关，并且其研究内容多数走在学科或行业前沿，所以与企事业单位的合作，不仅能够解决企事业单位在产品研发、设计中遇到的问题，还能够将科研成果迅速转化，达到产教融合、科教融合的效果，更好地服务地方经济，同时也为学生提供增强其工作技能储备的途径，满足学生的成就感，为学生下一步就业、创业打下坚实的基础。

参考文献

[1][美]彼得·德鲁克.创新与创业精神[M].张炜译.上海：上海人民出版社，2002.

[2][美]杰弗里·蒂蒙斯，[美]小斯蒂芬·斯皮内利.创业学[M].周伟民，吕长春译.北京：人民邮电出版社，2005：1-3.

[3][美]E.拉兹洛.用系统的观点看世界[M].闵家胤译.北京：中国社会科学出版社，1985.

[4]查有梁.控制论、信息论、系统论与教育科学[M].成都：四川省社会科学院出版社，1986.

[5]李志能，郁义鸿，罗伯特·D.希斯瑞克.创业学[M].上海：复旦大学出版社，2006.

[6]王伯庆.就业蓝皮书：2020年中国本科生就业报告[M].北京：社会科学文献出版社，2020.

[7]包水梅，杨冬.美国高校创新创业教育发展的基本特征及其启示——以麻省理工学院、斯坦福大学、百森商学院为例[J].高教探索，2016（11）：62-70.

[8]陈伟，李景保.经济新常态下高校创新创业教育的思考[J].社会科学家，2016（04）：135-138.

[9]代君，张丽芬.大学生创业孵化基地的建设模式[J].江西社会科学，2014（11）：248-252.

[10]刁衍斌，张育广.校企合作模式下高校创业教育实践途径的探索[J].中国成人教育，2019（09）：71-73.

[11]方伟.高校创业教育的现状、问题及发展对策[J].现代教育管理，2013（07）：36-39.

[12]冯浩.沈阳高校大学生创新创业管理制度构建——以沈阳大学为例[J].沈阳建筑大学学报（社会科学版），2017（01）：70-75.

[13]辜胜阻，肖鼎光，洪群联.完善中国创业政策体系的对策研究[J].中国人口科学，2008（1）：10-18.

[14]韩刚，黄玉东，杨晨辉，等.大学生创业基金建设及瓶颈分析研究[J].沈阳工程学院学报（社会科学版），2018，14（01）：134-138.

[15]何登溢.公司化运作大学生创业园面临的问题与对策研究[J].黑龙江高教研究，2017（03）：141-143.

[16] 何星舟.大学生创业教育社会支持网络构建思考 [J].高等工程教育研究，2016（04）：90-94.

[17] 胡燕生.大学生创新创业教育模式探析 [J].中国高校科技，2017（1）：128-130.

[18] 黄兆信，谈丹.大学生创业的高校支持体系研究 [J].高等工程教育研究，2016（05）：49-52.

[19] 金碧华.大学生创业孵化园发展策略研究——基于赛博（杭州）创业工场的思考 [J].科技进步与对策，2015（03）：11-15.

[20] 兰华，杨宏楼.高校大学生创业园建设现状与对策 [J].教育与职业，2016（10）：74-76.

[21] 黎春燕，李伟铭，李翠.我国高校大学生创业实践教育：模式、问题与对策研究 [J].黑龙江高教研究，2017（10）：17-20.

[22] 李盾.湖北高校大学生创新创业管理体系构建及对策研究 [J].湖北经济学院学报（人文社会科学版），2018，15（12）：116-117.

[23] 李亚员.大学生创新创业教育的目标、原则及路径优化 [J].思想理论教育，2015（10）：83-87.

[24] 李瑜.大学生创业支持体系研究 [D].天津：天津大学，2016：10.

[25] 李振.韦伯政治社会学理论视野下的高校学生创业管理研究 [J].黑龙江高教研究，2019（11）：128-131.

[26] 林金贵，邹艳辉，杨邦勇.大学生创业资金支持系统构建研究 [J].福建工程学院学报，2010（02）：109-112.

[27] 孟晓媛，刘继东.基于数据分析的大学生创新创业教育研究 [J].现代教育管理，2019（07）：112-116.

[28] 沈皆希，倪杰，曹镇.应用型本科高校联盟创新创业管理机制——基于典型应用型本科高校联盟的案例分析 [J].中国高校科技，2019（04）：89-91.

[29] 王超.大学生创业教育探索与实践——以江苏省创业教育示范校建设为例 [J].中国成人教育，2016（04）：26-27.

[30] 王磊，赵振勇.高职院校大学生创业园建设机制研究 [J].中国成人教育，2014（13）：86-89.

[31] 王丽娟，高志宏.大学生创新创业教育研究 [J].中国青年研究，2012（10）：96-99+109.

[32] 王涛，顾珺佶.高校大学生创业园建设现状和对策 [J].教育评论，2015（08）：82-85.

[33] 王元钊.大学生创业教育存在的问题及应对策略 [J].教育探索，2011（10）：154-155.

[34] 王占仁."广谱式"创新创业教育的体系架构与理论价值 [J].教育研究，2015，

36（05）：56-63.

[35] 西凤茹. 大学生创业影响因素与支持体系完善 [J]. 黑龙江高教研究，2012，30（07）：60-63.

[36] 肖建国. 高校大学生创业资金使用问题及其对策研究 [J]. 吉林师范大学学报（人文社会科学版），2015（05）：111-115.

[37] 谢芳，伍丽. 大学创业教育的再思考 [J]. 江苏高教，2020（04）：91-95.

[38] 邢楠. 我国大学生创业资金筹集的难点及对策 [J]. 经济纵横，2012（01）：114-117.

[39] 徐洁. 高校创业基金服务大学生创业的功能、矛盾及其突破 [J]. 教育发展研究，2016（05）：53-57.

[40] 伊剑. 大数据视域下大学生创新创业教育质量的提升 [J]. 现代教育技术，2019，29（05）：106-111.

[41] 项勇. 基于三螺旋理论的高等学校创业创新教育 [J]. 社会科学家，2016（12）：85-89.

[42] 于跃进. 高校大学生创业园运行策略研究 [J]. 教育评论，2015（04）：113-115.

[43] 余魅，王冠，彭小丹. 构建"普惠性"大学生创新创业教育体系的探索与实践 [J]. 中国大学教学，2018（04）：48-50.

[44] 张芬，姚金凤. 高职院校大学生创业孵化基地的建设 [J]. 教育与职业，2012（17）：80-82.

[45] 张秀峰. 大学生创新创业教育现状调查与思考——基于北京市 31 所高校的实证调查 [J]. 中国青年社会科学，2017（3）：94-100.

[46] 张彦. 高校创新创业教育的观念辨析与战略思考 [J]. 中国高等教育，2010（23）：45-46.

[47] 张英杰. 大学生创业金融支持体系创新的探索性案例研究 [J]. 科技进步与对策，2016，33（21）：151-155.

[48] 朱华兵. 创业导向的高校教学管理改革初探 [J]. 高等工程教育研究，2011（03）：129-132.

[49] 朱静然，王岚，王淑娜. 高校创业教育研究 [J]. 教育与职业，2014（20）：97-99.

[50] 朱丽. 新常态背景下大学生创业教育支持体系构建研究 [J]. 高教探索，2016（06）：117-120.

[51] 刘培培，许宁. 破解创业教育服务的资金困境研究 [J]. 教育与职业，2012（27）：99-100.

[52] 郗海霞，孙明玥. 美国研究型大学创业教育体系构成及特色——以密歇根大学为例 [J]. 外国教育研究，2018，45（12）：65-76.

[53] 张巧. 大学生创新创业教育的实施策略 [J]. 江苏高教，2016（03）：120-123.

[54] 曹傲然.十八大以来我国大学生创新创业政策研究 [D].长春：东北师范大学，2016：3.

[55] 陈龙.大学生创业支持体系构建与评价研究 [D].武汉：武汉工程大学，2011：20.

[56] 费思易.美国高校专利转化研究及借鉴 [D].湘潭：湘潭大学，2013：17.

[57] 刘军.我国大学生创业政策体系研究 [D].济南：山东大学，2015：24.

[58] 陆晓峰.大学生创业项目的选择 [D].上海：复旦大学，2010：17.

[59] 许德涛.大学生创新创业教育研究 [D].济南：山东大学，2013：8.